Marie-Anne Geuenich

Theater! Theater!

Acht kurze Stücke für die Grundschule

Für meine Kinder
Marco und Bettina

Gedruckt auf umweltbewusst gefertigtem, chlorfrei gebleichtem und alterungsbeständigem Papier.

5. Auflage 2019
Nach den seit 2006 amtlich gültigen Regelungen der Rechtschreibung

Illustrationen: Angelika Neiser
Satz: Fotosatz H. Buck, Kumhausen
Druck und Bindung: SDK Systemdruck Köln GmbH & Co. KG, Köln
ISBN 978-3-403-**04377**-5
www.auer-verlag.de

Inhalt

Die Theaterstücke

Wichtige Tipps rund ums Theaterspielen

Diese Theaterstücke eignen sich für Kinder in der 3. beziehungsweise 4. Jahrgangsstufe. Eine Umsetzung mit älteren Schülern in der 5. und 6. Jahrgangsstufe ist aber auch möglich. Hat die Lehrkraft in der Woche 2 Schulstunden zur Verfügung, kann in jedem Halbjahr ein Stück einstudiert und schließlich aufgeführt werden.

Erste Annäherung an das neue Theaterstück

Vor Beginn der Proben geht die Gruppe das Stück erst einmal gemeinsam durch: Am besten (falls möglich) lesen die im Kreis sitzenden Kinder den Text bereits auf der Bühne, um ihnen gleich die Angst davor zu nehmen. Die Kinder entscheiden meist schon sofort, nach dem ersten Lesen, welche Rolle sie gerne übernehmen würden. Fast immer wählen diese ohne die Intervention einer Lehrkraft die Rolle aus, die für sie und die Gruppe am geeignetsten ist. Selbstverständlich können Jungen weibliche Rollen übernehmen, Mädchen männliche.

Nach der ersten Annäherung an das Stück beschäftigen sich die Schüler mit Punkten, die ihnen nicht so gut gefallen: Beispielsweise können sie Alternativen vorschlagen, wenn sie den Namen einer Figur als unpassend oder negativ empfinden.
Außerdem kann die Gruppe ganze Nebenrollen weglassen, falls die Zahl der Mitspieler zu gering ist, oder einzelne kleine Rollen einfügen. Diese kleinen Parts eignen sich besonders zur Integration von Kindern mit stark gehemmter Sprache oder übergroßer Schüchternheit. Erstaunlicherweise melden sich sehr häufig etwas weniger selbstbewusste Kinder für die Theater-AG an. Sie finden hier – manchmal zum ersten Mal in ihrem Leben – Beifall und Bestätigung.

Die eigentliche Probe beginnt

Jedes Kind erhält den Abzug des kompletten Theaterstücks und unterstreicht für das nächste Treffen seine Rolle. Beim zweiten Treffen spielen die Schüler schon auf der Bühne und dürfen ihren Text – wenn sie wollen – noch ablesen. Doch es gibt viele Kinder, die lieber schon eigene Texte einbringen und improvisieren, was auch sehr interessant werden kann. Die Lehrkraft sollte dies unbedingt zulassen, aber darauf achten, dass die Kinder nicht vom roten Faden der Geschichte abweichen. Hier kann ein regelmäßiges mündliches Zusammenfassen des Sujets Abhilfe schaffen.

Bühne und Kostüme

Die Einrichtungen in der Grundschule sind „bühnenmäßig" meist recht spartanisch. Unsere Bühne hatte zum Beispiel keinen Vorhang. Doch es ist sehr lustig, wenn die Spieler vor der Aufführung, während alle Klassen und eventuell Eltern schon versammelt sind, die wenigen Requisiten auf die Bühne tragen und sich verbeugen. Untermalt wird diese Showeinlage durch flotte Musik, die die Kinder selbst aussuchen dürfen. Das Lampenfieber wird für die Spieler dadurch erheblich geringer und das Publikum amüsiert sich prächtig.

Die Kostüme sind in den nachfolgenden Theaterstücken bewusst sehr einfach gehalten und nur angedeutet. Falls die AG mehr Zeit und Hände zur Verfügung hat, kann sie in dieser Hinsicht viel aufstocken. Natürlich können die Theater-AGs ihre Kulissen auch selbst herstellen, zum Beispiel indem sie Tapeten- oder Stoffbahnen bemalen.

Die Aufführung

Gemeinsam mit den Kindern können die Leiter der Theater-AG Musikstücke aussuchen, die vor dem Stück und zwischen den Akten erklingen. Musik lockert die ganze Atmosphäre auf und nimmt den Spielern die Scheu. Man sollte auch keineswegs vor Klassik zurückschrecken, denn manche Kinder wählen sie gerne aus.

Kurzzusammenfassung der Theaterstücke und fächerübergreifende Bezüge

Die Stücke eignen sich auch zur Vertiefung bzw. Verdeutlichung von Themenbereichen aus dem Sachunterricht. Die Bezüge sind in den grauen Kästen näher zusammengefasst.

1. Die Burggespenster

Ritter Kuno, Gemahlin Kunigunde und der kleine Götz sind zu einem Leben als Burggespenster verurteilt. Seit mehreren Jahrhunderten warten sie auf ihre Befreiung. Erlösen kann sie nur ein Fremder, der auf Burg Muckelburg einen Schatz entdeckt. Ihre Hoffnungen werden wach, als Altertumsforscher Ortfried Schrottgräber seinen Besuch ankündigt.

Sachunterricht: Denkmalschutz als bedeutende Aufgabe erfassen

2. Der Römerschmuck

Conni und Fipsi haben einen Plan. Während die Eltern verreist sind, gründen sie das Detektivbüro „Auf Zack". Der erste Fall kommt sofort: Sie sollen für Burgbesitzer Herrn von Hahnenkamm auf Einbrecherjagd gehen. Die Freunde legen sich auf die Lauer – und finden ganz nebenbei heraus, wer den alten Römerschmuck aus dem Museum gestohlen hat.

Sachunterricht: Denkmalschutz als bedeutende Aufgabe erfassen
Sachunterricht: Statussymbole im Wandel der Zeit

3. Waldkönig

Das letzte Stück Wald vor der Stadt ist bedroht: Bauunternehmer Plattwalz hat das Gelände erworben. Er will es abholzen, um dort Hochhäuser bauen zu können. Die Bewohner des Waldes sind entsetzt, doch dann kommt ihnen die Familie Frühauf zur Hilfe.

Sachunterricht: Erkunden der Umwelt
Sachunterricht: Bedeutung des Waldes

4. Ich – Du – Wir

Zirkusdirektor Hoppeditz ist verzweifelt: Seiltänzerin, Pfeilwerfer, Pferde-Dresseur und Clowns sind ausgefallen. Er schaltet die „Agentur für alle Gelegenheiten" von Frau Dr. Klugius ein. Sie kann ihm helfen, muss jedoch zunächst lernen, dass kein Mensch alles alleine schaffen kann.

Sachunterricht: Zusammenleben in der Gemeinde
Religion: Menschen bemühen sich um ein gelingendes Leben in der Gemeinschaft
Religion: Miteinander leben

5. Die Reise in die Zukunft

Findikus, Siria und Sohn Computulus leben im Jahr 2500. Die Umweltverschmutzung ist fortgeschritten. Alle Pflanzen sind aus Plastik, die Nahrung besteht aus künstlichen Dragees. In den Ferien testen sie ihre neue Zeitreisemaschine. Sie landen im Jahr 3000 und machen eine überraschende Entdeckung: Die Menschen aus der Zukunft leben wie ihre Vorfahren im Einklang mit der Natur.

Sachunterricht: Orientierung in Zeit und Raum
Sachunterricht: Leben mit der Natur

6. Das Straßenfest

Schrotthändler Peter ist verzweifelt. Der Immobilienhai Überschluck hat das Grundstück gekauft, auf dem sein Schrotthandel steht. Er will darauf ein großes Freizeitbad bauen. Überschluck bietet Peter 200 Euro für seinen Schrotthandel. Alternativ dazu lässt er ihm die Möglichkeit offen, das Grundstück für 1000 Euro zurückzukaufen – wohl wissend, dass Peter kein Geld hat. Doch Peter hat Freunde. Und die haben schon bald einen Plan.

Sachunterricht:	Menschen arbeiten
Religion:	Einander begegnen und miteinander feiern

7. Im Doppelpack

Frau Amelia von Hochstapel ist entsetzt. Vielleicht wird sie schon bald ihren Wohnsitz, das gräfliche Schloss, verlieren. Denn ihr Bruder hat in seinem Testament verfügt, dass Amelia das Familienerbe nur gemeinsam mit ihren Nichten Annuschka und Veruschka antreten kann. Das Problem: Die beiden Zwillingstöchter des verstorbenen Bruders sind schon lange verschollen. Eine fieberhafte Suche beginnt, an deren Ende Frau Amelia mehr Mitbewohner findet, als ihr lieb sind.

Religion:	Sehnsucht nach einer gerechten und friedvollen Welt

8. Weihnachten

Eine ganz normale Familie am Heiligen Abend. Die Kinder freuen sich auf ihren Auftritt im Krippenspiel der Christmette – und natürlich auf ihre Geschenke. Die Eltern denken an das gute Weihnachtsessen. Doch irgendwie kommt alles anders als sonst. Am Nachmittag des Heiligen Abends ist das gesamte Dorf eingeschneit. An den Besuch der Christmette ist nicht zu denken. Und dann bekommt die Familie überraschend Besuch. An ihre Türe klopfen obdachlose Flüchtlinge aus einem Kriegsgebiet. Werden sie die fremde Familie aufnehmen?

Religion:	Weihnachten – ein Fest des Lichts
Religion:	Biblische Bilder bewegen Menschen
Religion:	Menschen bemühen sich um ein gelingendes Leben in der Gemeinschaft

Übersicht über die benötigten Requisiten und die empfohlene Anzahl der Spieler

Theaterstück	Benötigte Requisiten	Anzahl der Spieler
Die Burggespenster (S. 10)	*Für das erste Bild:* • Tisch mit Kerzenhalter • Altes Gerümpel: z. B. Krüge, Flaschen • Sack • Brief *Für das zweite Bild:* • 2 Tische • Schreibmaschine • Krug • Kochtöpfe • Kochbuch • Kräuter • Kerzenleuchter • MP3-Player • Schaschlikspieß, mit Goldfolie umwickelt (= Zahnstocher) *Kostüme:* • Evtl. Ritterkostüme • Evtl. Gespenstermasken aus weißem Stoff, die bemalt werden können • Evtl. Umhänge (weiß) mit Kapuzen • Küchenschürze	9 Spieler
Der Römerschmuck (S. 19)	*Für das erste Bühnenbild:* • Tisch • Zeitung • Koffer • Wäsche (z. B. Handtücher) • Kartenspiel *Für das zweite Bühnenbild:* • Tisch mit Telefon • Schild mit Aufschrift (s. S. 21) • Lupe • Zeitung • Picknick-Korb mit Chipstüten, Süßigkeiten etc. • Taschenlampe • Stricke • Koffer *Für das 3. Bühnenbild „Weinkeller":* • Leere Flaschen, Regale, Körbe • Taschenlampe • Stricke • Kerzenleuchter • Hocker oder Stuhl • Sack mit Modeschmuck • Säbel *Kostüme:* • Evtl. Detektivkostüm • Großer Hut • Falscher Bart • Verband • Bademantel, Nachtmütze	9 Spieler
Waldkönig (S. 28)	*Für das erste, dritte und vierte Bühnenbild:* • Grüne Turnmatten • Tannenzweige • Laub • Blumen in kleinen Töpfen oder Vasen • Baumstämme oder Hocker • Efeu • Rucksack (s. S. 33) und Sonnenbrille für das vierte Bühnenbild	7 Spieler

Theaterstück	Benötigte Requisiten	Anzahl der Spieler
	Für das zweite Bühnenbild: • Tisch • Frühstücksgeschirr *Kostüme:* • Mit künstlichen Blumen und Efeu bestückte grüne Kleidung; Blätterkranz, Eichenzweig	
Ich – Du – Wir (S. 36)	*Alle drei Bühnenbilder sind gleich:* • Schreibtisch • Telefon • Schild (s. S. 36) Seil für das dritte Bühnenbild; weitere Requisiten (s. S. 42) (Im zweiten Bild wird der Schreibtisch entfernt.) *Kostüme:* • Zylinder • Große Brille	7 Spieler
Die Reise in die Zukunft (S. 43)	*Für das erste Bühnenbild:* • Tisch mit Computer darauf • „Zeitreisemaschine" (z. B. Kiste auf Rädern oder z. B. kleines Boot usw.) • Plastikblumen in Vasen *Für das zweite Bild:* • Tisch mit Tischdecke, darauf: • Tablett mit Lebensmitteln darauf (s. S. 47) • Echte Blumen in Blumenvase • Schild (s. S. 46) • Echte Blumen in Kästen und Töpfen *Kostüme:* • Müllsäcke • „Atemschutzmasken" (z. B. Tücher)	5 Spieler
Das Straßenfest (S. 49)	*Für das erste Bühnenbild:* • Stuhl oder Schaukelstuhl • Kiste mit Trödelwaren • Zwei Tische • Kiste mit Gemüse • Geldkassette *Für das zweite Bild:* • Geldkassette *Kostüme:* • Brillen und Stifte • Sportkleidung • Bunter Hut, alte Jacke • Kostüme für das Straßenfest (s. S. 54)	9 Spieler
Im Doppelpack (S. 57)	*Für das erste Bühnenbild:* • Tisch mit Spiegel • Brief *Für das zweite Bühnenbild:* • Bühne geteilt • Tisch • Viele Zeitungen *Für das dritte Bühnenbild:* • Tisch • Telefon • Schreibmaschine • Springseil *Kostüme:* • Elegante Kleidung; Damenhut	9 Spieler
Weihnachten (S. 66)	*Für das Bühnenbild:* • Tisch mit Weihnachtsdecke • 4 Stühle • Vase mit Tannenzweigen • Teller mit Süßigkeiten • Puppe • Verpackte Geschenke *Kostüme:* • Hirtenkostüm (s. S. 66) • Engelskostüm	8 Spieler

Die Theaterstücke

1. Die Burggespenster

Personen

Altertumsforscher Ortfried Schrottgräber
seine Frau Armfriede
seine Tochter Edelfriede
sein Sohn Helmfried
Die Gespenster:
Ritter Kuno von der Muckelburg
seine Gemahlin Kunigunde
sein Sohn Götz
der Kastellan (Verwalter) Bleifuß

1. Bild

Raum in der Burg Muckelburg. In der Mitte der Bühne steht ein Tisch mit einem Kerzenhalter und einer Kerze. Links und rechts liegt altes Gerümpel, einige Krüge, Flaschen etc. Zwischen dem Gerümpel liegt ein großer, zugebundener Sack. Ritter Kuno, Kunigunde und Götz tragen über einem angedeuteten Ritterkostüm weiße Umhänge mit Kapuze, eventuell eine Gespenstermaske aus weißem Stoff. (Die drei Schauspieler können ihre Umhänge und Masken selbst schwarz oder bunt bemalen.) Die anderen Mitspieler tragen normale Kleidung.

Kastellan Bleifuß schlurrt heran. Er geht etwas gebückt und schwerfällig. Er zündet die Kerze an und hält einen Brief in der Hand.

Bleifuß Eure gespensterliche Gnaden, ein Brief!

(Eine Kette rasselt leise. Ritter Kuno tritt auf. Er trägt ein Rittergewand, darüber eine schwarz bemalte Kapuze.)

Kuno Was für eine Überraschung! Ich habe schon seit 600 Jahren keinen Brief mehr bekommen. Von wem ist er denn? *(Dann sagt er verzückt:)* Vielleicht von dem schönen Fräulein Hermine von der Kappesburg?

Bleifuß Nein, eure gespensterliche Gnaden. *(Er schaut auf den Brief.)* Von einem Ortfried Schrottgräber. Er kündigt seinen Besuch an.

(Leise rasseln Ketten, Kunigunde tritt auf, an der Hand hält sie Sohn Götz. Beide tragen ebenfalls schwarz bemalte Kapuzen).

Kunigunde Was höre ich? Besuch? Nein, wie entzückend! *(Sie wendet sich zu Götz.)* Ich werde dir deine Sonntags-Gespenster-Kapuze überstülpen und ich werde mir vielleicht ein wenig Rosenblätterschminke auflegen.

Kuno Frau, du spinnst! Die können uns Gespenster doch nur hören, nicht sehen. Also lass den Firlefanz.

Kunigunde *(ganz empört)* Ich freue mich halt über Besuch. Schließlich spuken wir nun schon seit mehr als 600 Jahren wegen deiner Habsucht und Machtgier.

Kuno Lass' gut sein, Kunigunde, was soll unser einziges Kind von mir denken?

Götz *(spöttisch)* Natürlich nur das Beste, gespensterlicher Vater.

Der Kuno von der Muckelburg
der hatte argen Streit,
mit Leo von der Kappesburg,
die Burg, die war noch weit.

Die Streiter von Herrn Kuno nun
die platschten in die Nunke.
Da saß das ganze Kuno-Heer
wie Knödel in der Tunke.

Der Leo von der Kappesburg
der lachte sich halb krumm.
Da liefen alle Ritter des Herrn
Kuno schnellstens um.

Erreichten grad die Muckelburg
mit Mühe und mit Not.
Der Leo von der Kappesburg
der lachte sich halb tot.

Kunigunde	Hör sofort auf mit diesen Spottversen! Wir haben schon genug Ärger damit. Ich habe es satt, ein Gespenst zu sein, nur weil dein Vater dem Kappesburger aus Rache die Burg angezündet und den Schatz geraubt hat!
	(Kunigunde greift nach dem Sack und hält ihn hoch.)
Kunigunde	Außerdem solltest du uns endlich mal erklären, was in diesem Sack ist. Wieso darf ich ihn nicht endlich wegschmeißen?
Götz	Ja, sag es uns endlich, Vater!
	(Kuno reißt Kunigunde den Sack aus den Händen.)
Kuno	Nun gut, vielleicht ist die Zeit gekommen. Bitte, Bleifuß, sage meiner Gemahlin, was es damit auf sich hat.
	(Bleifuß tritt vor. Stellt sich sehr feierlich auf.)
Bleifuß	In dem Sack ist ein wertvolles Stück. Es gehörte dem Ritter Leo von der Kappesburg. Es wurde ihm, von Ritter Kuno, hier anwesend, geraubt. Wenn es jemand findet und herausbekommt, was es mit diesem Stück für eine Bewandtnis hat, wird die gräflich-muckelburgische Familie sofort ihres Spukens enthoben und kann ein normales Menschenleben führen.
Kuno	Und vielleicht wird der Schatz ja schon bald von einem Fremden entdeckt! Bleifuß?
Bleifuß	Eure gespensterliche Gnaden?
Kuno	Was steht in dem Brief? Lies ihn uns vor!
Bleifuß	Da steht: „Sehr verehrter Herr Bleifuß, meine Familie und ich möchten gerne unsere Ferien auf Ihrer Idyllischen Burgruine verbringen. Ich erforsche Altertümer und interessiere mich sehr für die Burg Muckelburg an der Nunke. Natürlich würden wir für den Aufenthalt zahlen. Meine Frau Armfriede, meine Tochter Edelfriede, mein Sohn Helmfried und ich freuen uns auf Ihre Antwort. Ihr sehr ergebener Ortfried Schrottgräber."
Kuno	Das ist unsere Rettung! Wir werden diese reizende Familie unseren Schatz finden lassen. Dann ist die Spukerei zu Ende. Bleifuß, schreibe diesen Menschen, dass sie willkommen sind.
Bleifuß	Sehr wohl.
Kunigunde	Ich bin so aufgeregt. Vielleicht kann ich mir schon bald einen Minirock kaufen und Wimperntusche und …
Götz	Ich werde unsere Familiengeschichte in den Computer eingeben …

Kuno	*(drohend zu Bleifuß)* Hat er schon wieder am Computer gesessen? Ich dachte, Bleifuß, dass mein Sohn mit dir Choräle in der Schlosskapelle singen würde …
Bleifuß	Eure gespensterliche Gnaden. Ich brauche doch jemanden, der mir die Computerprogramme erklärt. Allein die Kostenrechnung für dieses alte Gemäuer könnte ich ohne Computer doch gar nicht mehr schaffen!
Kuno	Schon gut, Bleifuß.
Götz	Herr Vater, ohne den Computer würde ich doch gar nicht wissen, wie viele Jahre wir hier schon spuken müssen, es sind auf den Tag und die Stunde genau gerechnet …
Kunigunde	Hör auf, mein Sohn, ich will es gar nicht so genau wissen! Und du Bleifuß: Bereite alles für unsere Gäste vor.
Bleifuß	Jawohl, Eure gespensterliche Gnaden. Und wie wollen die Herrschaften spuken?
Alle Gespenster gemeinsam	Freundlich und ohne böse Tricks.

2. Bild

Ein Raum in der Burg Muckelburg. Rechts steht ein Tisch mit einer Schreibmaschine, auf der linken Seite ein Tisch mit Kochtöpfen. Ortfried Schrottgräber steht vor dem Tisch mit der Schreibmaschine, hält einen Krug in der Hand, den er gerade liebevoll betrachtet. Tochter Edelfriede hämmert in eine Schreibmaschine, was ihr Vater diktiert. Vor dem anderen Tisch steht Armfriede. Sie hat eine Küchenschürze umgebunden und liest gerade in einem Kochbuch.

ORTFRIED *(zu seiner Tochter)* Also, schreib auf: Fund auf der Burgruine Muckelburg an der Nunke, 25.08.2005; ein Krug, aus der Zeit zwischen 1280 und 1390, klassischer Brand, Verzierung am Henkel sowie *(Ortfried richtet seine Augen verzückt nach oben)*. Schmuckfries am Rande des Ausgusses.

ARMFRIEDE *(liest intensiv in ihrem Kochbuch und spricht nun laut)*. Am Rande des Ausgusses ein Bund Liebstöckel einhängen ...

ORTFRIED Armfriede, du störst!

ARMFRIEDE Lass mich doch in Ruhe unsere Suppe kochen!

EDELFRIEDE *(etwas spöttisch)* Mama, du störst unseren Professor in seinen Gedankengängen.

ARMFRIEDE Und wie soll ich drei Gänge kochen, wenn immer die Gedankengänge die Kochgänge durchkreuzen?

(Gespenst Kunigunde tritt leise auf und geht zu Armfriede.)

KUNIGUNDE Soll ich der edlen Frau helfen und einige Gewürze aus meinem Kräutergarten übergeben?

(Sie hält Armfriede ein Büschel Kräuter hin. Geistesabwesend nimmt Armfriede die Kräuter entgegen.)

ARMFRIEDE Oh, wundervoll.

(Plötzlich bemerkt sie, was passiert ist, zuckt zusammen, starrt auf die Kräuter und schreit.)

ARMFRIEDE Huch, wer war das? Was ist das?

(Währenddessen geht Kunigunde langsam ab.)

ORTFRIED Wenn du weiter so rumschreist, werde ich hier nie fertig! Edelfriede, wo ist der wundervolle Leuchter aus der zweiten Kemenate des Burgfrieds?

(Edelfriede zuckt ratlos mit den Schultern, bückt sich und schaut unter dem Tisch nach. Kuno tritt auf. Mit einer Verbeugung hält er Ortfried den Leuchter hin.)

KUNO Bitte schön, edler Herr.

ORTFRIED Da ist er ja! *(Ortfried nimmt den Leuchter erst freudestrahlend entgegen. Plötzlich runzelt er die Stirn, schaut hektisch um sich und ruft:)* Was war das für eine Stimme? Wer hat mir den Leuchter gegeben? Ich habe wohl das Mittagessen nicht gut vertragen.

(Kuno geht ab. Helmfried Schrottgräber erscheint auf der Bühne. Er hat einen MP3-Player auf den Ohren, hört laut Musik, tanzt und zappelt nach den Rhythmen auf der Bühne herum. Die Eltern sehen ihn missbilligend an, seine Schwester spöttisch. Helmfried nimmt seinen MP3-Player ab und zieht ein finsteres Gesicht.)

HELMFRIED Ich habe keinen Bock mehr auf diese hässliche, alte Schrott-Burg. Hier gibt es nicht einmal einen Fernseher. Wieso können wir nicht irgendwo Urlaub machen, wo was los ist. Auf Mallorca oder so.

(Götz hat sich leise hinter ihn geschlichen und stupst ihn in den Rücken, sodass Helmfried nach vorne stolpert und hinfällt.)

HELMFRIED Hau ab, verflixter …

(Götz geht schnell ab.)

EDELFRIEDE Wer war das?

(Helmfried steht wieder auf.)

HELMFRIED Keine Ahnung, aber wenn ich den kriege, kann er was erleben!

(Götz kommt, macht einen Luftsprung.)

GÖTZ Dann krieg mich doch!

(Götz läuft schnell ab. Die ganze Familie Schrottgräber steht erstarrt.)

ORTFRIED Bin ich verrückt geworden? Da war doch eine Stimme.

ARMFRIEDE Meine Gewürze! *(Sie hält ihr Büschel hoch.)*

EDELFRIEDE Der Leuchter! *(Sie hält den Leuchter hoch.)*

HELMFRIED Der Schubser!

(Ortfried klingelt mit einer Glocke. Kastellan Bleifuß schlurrt heran.)

Bleifuß	Irgendwelche Wünsche, gnädiger Herr?
Ortfried	Herr Bleifuß, seltsame Dinge gehen hier vor.
Bleifuß	*(Er schaut sich überall um.)* Wo, gnädiger Herr?
Armfriede	*(Sie hält ihm genervt die Kräuter vor die Nase.)* Küchenkräuter!
Edelfriede	*(hält ihm den Leuchter hin)* Leuchter!
Helmfried	Ein Schubser!
Bleifuß	*(leise zu sich)* Ich verstehe nur Bahnhof. *(Er wendet sich mit einer Verbeugung zu den Herrschaften und sagt laut:)* Ganz recht, gnädige Herrschaften, immer vergnügt und munter. Ein schöner Urlaub gibt Kraft. *(Jetzt spricht er leise weiter.)* Die sind total übergeschnappt, nichts wie weg hier. *(Und wieder laut:)* Wünsche einen schönen Tag, die Herrschaften.
	(Bleifuß geht ab. Die Familienmitglieder sehen sich ratlos an. Auf der rechten Seite der Bühne versammelt sich die Gespensterfamilie. Ritter Kuno nimmt den Sack und stellt ihn mit einem lauten Plumps vor Ortfried auf den Boden.)
Helmfried	Was ist das, Vater?
Ortfried	Ein Sack, das siehst du doch!
Edelfriede	Vater, der Sack stand eben noch nicht da.
	(Armfriede kreischt auf. Ortfried schüttelt den Kopf und tätschelt beruhigend Armfriedes Schultern.)
Ortfried	Wir wollen die Sache realistisch sehen. Wir hören Stimmen, sehen aber niemanden. Jemand gibt uns Gegenstände, doch niemand ist zu sehen. Nun, was ist des Rätsels Lösung?
Helmfried	Außerirdische sind mit einem Raumschiff gekommen.
	(Die Gespensterfamilie schüttelt sich im Hintergrund vor Lachen.)
Edelfriede	Quatsch, Raumschiff! Du siehst zu viel fern. Ich sage: Hier gibt es anscheinend Burggespenster.
	(Die Familie der Gespenster nickt ihr eifrig und ermutigend zu.)
Armfriede	Ich glaube erst an Gespenster, wenn ich hier auf meinem Küchentisch die vier Äpfel sehe, die ich heute im Supermarkt vergessen habe.

(Die Schrottgräbers sehen sich an, zucken mit den Schultern und machen sich wieder an die Arbeit. Währenddessen rennt Kunigunde von der Bühne, holt vier Äpfel und legt sie auf den Küchentisch. Helmfried sieht sie zuerst, stößt seine Schwester mit dem Ellbogen an und zeigt auf die Äpfel. Sie zupft ihren Vater am Ärmel und zeigt auf die Äpfel, zur gleichen Zeit sieht die Mutter die Äpfel und schreit laut auf.)

Ortfried Keine Aufregung, anscheinend haben wir es mit guten Geistern zu tun.

(Die Gespensterfamilie nickt wieder. Götz schleicht sich leise zu Helmfried und zwickt ihn in das Ohr.)

Helmfried Warte, du listiges Gespenst, wenn ich dich erst vor mir habe!

(Ritter Kuno schiebt den Sack etwas näher zu Ortfried hin. Die Familie starrt auf den Sack.)

Ortfried *(murmelnd)* Dieser Sack gibt mir zu denken. Hier liegt vielleicht der Schlüssel zu dem ganzen Rätsel. Ich werde Herrn Bleifuß fragen.

(Ortfried klingelt nach Bleifuß. Die Gespenster verfolgen das Geschehen gebannt. Bleifuß trottet herein.)

Bleifuß Sehr wohl, gnädiger Herr?

Ortfried Wissen Sie, Herr Bleifuß, irgendetwas über diesen Sack?

Bleifuß *(geheimnisvoll)* Öffnet ihn ruhig, mein Herr. Dann werdet ihr mehr erfahren.

(Die Gespenster jubeln lautlos, während Ortfried zum Sack hingeht. Er öffnet ihn vorsichtig und holt einen Gegenstand heraus, der lang, schmal, spitz und mit Goldfolie umwickelt ist.)

Ortfried Seht alle her, der berühmte goldene Zahnstocher des Herrn Ritter Leo von der Kappesburg!

(Die Gespenster brechen in Triumphgeschrei aus. Sie werfen ihre Umhänge und Kapuzen ab, verbeugen sich dann höflich vor der Familie Schrottgräber. Ritter Kuno schlägt Ortfried Schrottgräber so kräftig auf die Schulter, dass dieser fast mit dem Kopf auf der Erde streift.)

Kuno Weil ich diesen Zahnstocher vor vielen Jahrhunderten gestohlen habe, mussten meine Frau Kunigunde *(sie tritt vor und verbeugt sich)*, mein Sohn Götz *(er tritt vor und stupst Helmfried in die Rippen)* und ich, Ritter Kuno von der Muckelburg an der Nunke, 600 Jahre lang spuken. Ihr, werter Herr, habt uns befreit – und dafür danken wir euch von Herzen. Bleifuß!!!

Bleifuß Eure gespensterliche Gnaden?

Kuno Nichts von gespensterlich, wie du siehst, sind wir jetzt persönlich da. Können wir ein Festmahl organisieren – mit einem Ochsen am Spieß, Spanferkel, Wein in Strömen?

(Armfriede und Kunigunde haben sich liebevoll eingehakt, Götz und Helmfried knuffen sich fröhlich, Edelfriede steht lachend dabei und alle sprechen das Schlusswort.)

Alle gemeinsam Die Spukerei hat nun ein Ende,
wir reichen uns alle die Hände. *(Alle geben sich die Hände.)*
Ein neues Leben beginnt schon bald.
Doch erst wird gefeiert, dass es knallt!

2. Der Römerschmuck

Personen

Vater Schmidt
Mutter Schmidt
Conni Schmidt
Fipsi Schmidt
Pummel
Lisa
Willi
Onkel Emanuel
Burgbesitzer Herr von Hahnenkamm

1. Bild

Wohnzimmer der Familie Schmidt. Der Vater sitzt am Tisch und liest die Zeitung, die Mutter packt einige Sachen in einen Koffer ein, die Kinder Conni und Fipsi spielen Karten. Plötzlich stößt der Vater einen Schrei aus.

VATER Nein! Stellt euch vor. Diebe haben den römischen Schmuck im Stadtmuseum gestohlen!

MUTTER Das gibt's doch nicht!

Conni	*(nach kurzem Überlegen)* Was machen die Räuber denn wohl damit? Den Schmuck kennen doch so viele Menschen. Wie kann man den denn verkaufen, ohne dabei als Dieb aufzufallen?
Vater	Ganz einfach. Sie werden die wertvollen Edelsteine herausbrechen, das Gold neu verarbeiten und es dann verkaufen.
	(Mutter hat den Koffer gepackt und macht ihn zu. Sie zieht sich eine Jacke über, reicht Vater auch eine Jacke.)
Mutter	So, der Koffer ist gepackt. Kinder, es passt mir gar nicht, euch für eine ganze Woche allein zu lassen. Aber Tante Henriette braucht uns beide jetzt so dringend nach ihrem Beinbruch. Zum Glück seid ihr nicht ganz alleine. Großonkel Emanuel wird gut auf euch aufpassen.
Fipsi	Wir brauchen keinen Aufpasser. Außerdem kennen wir den Onkel überhaupt nicht.
Mutter	Könnt ihr ja auch nicht. Er war so lange in Amerika und Australien. Und seit er wieder hier ist, scheint er sehr beschäftigt. Aber ich habe ihn jetzt schon dreimal getroffen – und ich muss sagen, er ist genauso nett wie früher.
Vater	Ich frage mich nur, wann er endlich kommt. Wir müssen nämlich jetzt los. Ansonsten verpassen wir den Zug. Der Nächste fährt erst morgen früh.
Mutter	Stimmt! Oh je! Was machen wir denn jetzt?
Conni	Ach, fahrt doch einfach! Der Onkel wird schon noch kommen. Ihr könnt ja von unterwegs noch einmal hier anrufen.
	(Mutter und Vater sehen sich zögernd an.)
Vater	Conni hat Recht. Da wird uns wohl nichts anderes übrig bleiben. Außerdem: Die Kinder sind doch schon groß genug, um ein paar Stunden ohne uns klarzukommen.
Mutter	Na gut. Also Kinder, ruft an, wenn irgendwas los ist. Wir sind bald zurück. *(umarmt Fipsi und Conni)*
Vater	Und macht keine Dummheiten, hört ihr? *(umarmt ebenfalls beide Kinder)*
Fipsi	Tschüss!
Conni	Und grüßt Tante Henriette.
	(Mutter und Vater gehen ab.)

2. Bild

Das Wohnzimmer der Familie Schmidt. Auf dem Tisch steht ein Telefon. Conni spielt mit einer großen Lupe herum, Fipsi hat die Beine auf den Tisch gelegt und liest in der Zeitung. Es klingelt, Pummel kommt herein. Er hat einen Korb am Arm.

CONNI Hi, Pummel, darfst du bei uns wohnen?

PUMMEL Na klar, meine Eltern sind froh, wenn sie mich für eine Woche los sind. Und hier habe ich eine Kleinigkeit zu essen. *(Er holt aus seinem Korb Chipstüten und Süßigkeiten.)*

(Es klingelt wieder. Willi kommt herein. Er humpelt stark, hat einen großen Verband um das Bein.)

ALLE KINDER GEMEINSAM Hi, Willi. Was macht das Bein?

WILLI Geht schon wieder. Seht mal, was ich mitgebracht habe. Ich denke mir, wenn unser Detektivbüro einen Einsatz hat, könnten wir das gut gebrauchen. *(Willi packt Taschenlampe und Stricke aus.)*

CONNI Toll, Willi, du denkst immer an alles!

(Lisa tritt auf. Sie trägt ein großes Schild „Detektivbüro Auf Zack: diskret, schnell, preiswert!“ Lisa stupst Willi und Pummel in die Rippen.)

Lisa	Hey, ihr Schnüffler, gefällt euch das Schild? Das habe ich für euch gemalt. Ihr bekommt es aber nur, wen ich mit dabei sein kann.
	(Willi und Pummel verziehen die Gesichter und rollen genervt die Augen.)
	Ich weiß, ihr habt natürlich keine Lust auf ein zweites Mädchen in der Truppe. Glaubt wohl, es gibt keine weiblichen Detektive! Da seid ihr allerdings auf dem Holzweg …
Fipsi	Reg dich nicht auf, Lisa. Klar kannst du mitmachen. Aber ärgere nicht dauernd Pummel und Willi! Was meint ihr, Jungs?
Pummel und Willi gemeinsam	Wenn es denn sein muss!!!
Fipsi	Ok, wenn jetzt alle Mitarbeiter des Detektivbüros „Auf Zack“ versammelt sind, möchte ich euch meinen Arbeitsplan für diese Woche vorstellen. Hier in dieser Zeitung *(Er nimmt die Zeitung vom Tisch und schlägt sie auf.)* steht ab heute eine Anzeige unserer Detektivagentur mit unserer Telefonnummer.
Conni	Aber Fipsi, das geht doch nicht! Das ist Papas Telefon!
Fipsi	Für eine Woche ist das hier unser Büro. Wollt ihr mal die Anzeige sehen? *(Er zeigt auf eine Spalte in der Zeitung.)*
Fipsi	Hier steht es: „Schnell, diskret und preiswert für alle Fälle, ihr Detektivbüro Auf Zack, Telefon 4560.“
	(Das Telefon klingelt. Alle Kinder sind sehr aufgeregt. Dann nimmt Conni zögerlich den Hörer ab.)
Conni	Hier Detektivbüro „Auf Zack“. Hallo, Papa. Nein, äh, wir spielen gerade ein Spiel. Alles ist ok. Nein, der Onkel ist noch nicht da. Ja, er wird bestimmt bald kommen! Bis später. Tschüss.
Fipsi	Oh je, wenn das so weitergeht!
	(Das Telefon klingelt erneut.)
Pummel	Detektivbüro „Auf Zack“? Ja, jawohl, jawohl, mit dem Chef persönlich, Herr von Hahnenkamm. Selbstverständlich. *(Er gibt den Hörer an Fipsi weiter und sagt dabei voller Ehrfurcht:)* Es ist Herr von Hahnenkamm von der Burg Hahnenschrei.
Fipsi	*(schneidig)* Hallo, mein lieber Hahnenkamm. Ja, ich höre. Probleme? In der Tat? Nächtliche Geräusche? Auf Burg Hahnenschrei? Beängstigend? Keine Sorge, wir nehmen uns der Sache sofort an. Noch heute Nacht. Was hätten Sie denn als Bezahlung gedacht? 500 Euro!!! Ähem. Geht in Ordnung. Die Ermittlungen beginnen sofort. Ihr Diener, Herr von Hahnenkamm.

ALLE KINDER GEMEINSAM	*(rufen laut)* 500 Euro!!!
FIPSI	Also, bitte Ruhe! Herr von Hahnenkamm auf Burg Hahnenschrei hört seit zwei Tagen in der Nacht seltsame Geräusche. Er hat Angst, dass es Diebe sein könnten. Bisher wurde aber nichts gestohlen. Wir müssen uns etwas einfallen lassen … *(Pause. Alle denken nach.)*
LISA	Ganz einfach. Wir klettern in der Nacht auf den Berg Hahnenpuckel, legen uns im Schloss auf die Lauer. Wenn die Diebe kommen, dann kreisen wir sie ein und fesseln sie!
FIPSI	Super Idee! Ich schlage vor, wir gehen um 10 Uhr heute Abend los. Um 11 Uhr sind wir auf dem Hahnenpuckel und um 12 Uhr in der Burg. Ich kenne den Weg in den Weinkeller. Dort legen wir uns auf die Lauer.
PUMMEL	Und wenn das keine Räuber, sondern Gespenster sind?
WILLI	Es gibt doch gar keine Gespenster, und falls doch, dann fesseln wir eben die Gespenster!
FIPSI	Alles klar?
ALLE ZUSAMMEN	Alles klar! *(Es klingelt an der Wohnungstür.)*
CONNI	Oh nein! Das ist sicher der Onkel aus Amerika. Was machen wir denn jetzt mit dem?
LISA	Den machen wir mit dem Cognac deines Vaters betrunken.
CONNI	Aber wenn der gar keinen Alkohol mag?
LISA	Irgendwas wird uns schon einfallen! Auf jeden Fall sollten wir nett zu ihm sein. Mach erst mal die Tür auf! *(Conni öffnet die Tür und ein Mann stürzt herein. Er ist eine unheimliche Erscheinung mit schwarzem Bart und großem Hut, den er tief ins Gesicht gezogen hat. Er hat einen Koffer in der Hand. Doch leider ist er nicht, wie Conni denkt, Onkel Emanuel, sondern ein Fremder.)*
ONKEL EMANUEL	*(knurrend und drohend)* Hallo!
DIE KINDER GEMEINSAM	Guten Tag, Onkel Emanuel.
FIPSI	Bitte leg den Mantel ab. Darf ich den Koffer in dein Zimmer tragen? *(greift nach dem Koffer)*

Onkel *(reißt den Koffer an sich)* Finger weg, Bursche, sonst setzt es was! Was ist denn hier für eine „Gören-Versammlung“? Gehört ihr etwa alle in dieses Haus? *(Er murmelt leise vor sich hin.)* Kurios, kurios. *(ruft laut)* Zeigt mir sofort mein Zimmer! Ab 10 Uhr heute Abend ist absolute Ruhe, ist das klar? Wenn ich dann noch einen von euch höre, setzt es was!

Conni Onkel Emanuel, möchtest du nicht vorher noch einen kleinen Schlummertrunk? Vater trinkt auch am Abend ein Gläschen.

Onkel Hau ab, du aufdringliche Göre. Ich hau mich in die Falle.

(Der Onkel geht ab. Die Kinder sehen sich ratlos an. Dann sprechen sie leise miteinander.)

3. Bild

Die Kinder ziehen durch den verdunkelten Zuschauerraum und halten sich alle an einem Strick fest. Ein Kind stößt Willi (mit dem Verband am Bein) vorsichtig voran, indem es ihn von hinten leicht anschiebt. Er leuchtet mit seiner Taschenlampe durch den Zuschauerraum. Sie erreichen die Bühne. Dort ist ein Weinkeller aufgebaut, mit ein paar Weinregalen, Flaschen und Körben. Ein alter Leuchter und ein kleiner Hocker stehen bereit. In der Mitte liegt ein zugebundener Sack.

Fipsi Oh je, war das anstrengend.

Conni Ich hatte die größte Last, ich musste Willi anschieben.

Willi Ich bin euch ja doch nur im Wege.

Alle Kinder gemeinsam Quatsch, Willi, du gehörst dazu!

Lisa Alles leere Flaschen. Seht her, keine einzige ist voll!

Pummel Wahrscheinlich trinkt der alte Hahnenkamm viel Wein.

Fipsi Hat jeder den Strick und eine Lampe?

Alle zusammen Ja!

Fipsi Ab jetzt gilt …

Alle zusammen Klappe halten!

Willi Mich zwickt da etwas.

Pummel Klappe, Willi, zwick zurück!

Willi Ich halte das nicht mehr aus!

LISA	Mach doch kurz die Lampe an, Willi!
	(Willi macht die Lampe an. Er sitzt auf dem Sack. Alle Kinder kriechen heran. Fipsi macht den Sack auf. Er zieht den Römerschmuck heraus.)
DIE KINDER GEMEINSAM	*(leise)* OOOOOhhhhhhhhhh!!!
LISA	Was ist das? Ist das der Schmuck vom alten Herrn von Hahnenkamm?
FIPSI	Quatsch! Meine Damen und Herren, hier sehen Sie den geraubten Römerschmuck!
CONNI	Woran erkennst du denn den Schmuck?
FIPSI	Wir waren einmal mit unserer Schulklasse im Museum. An diesen Reifen und an die Kette kann ich mich erinnern.
PUMMEL	Und was machen wir jetzt?
	(Fipsi macht den Sack zu und legt ihn an die alte Stelle.)
FIPSI	Es bleibt bei unserem Plan. Jetzt wissen wir auch, warum der alte Herr von Hahnenkamm in seiner Burg Geräusche gehört hat. Wir bleiben hier versteckt, bis der Dieb seine Beute hier abholt.
PUMMEL	Und wenn der erst in einem Jahr kommt?
WILLI	Dann hat mein Bein genug Zeit, sich zu erholen. *(Er setzt sich auf den Hocker und streckt sein Bein weit von sich.)*
FIPSI	Ruhe, ich höre etwas!
	(Die Kinder kriechen in die Ecken der Bühne. Nur Willi bleibt vor dem Sack auf dem Hocker sitzen und streckt sein Bein weiter aus. Onkel Emanuel kommt mit einer Taschenlampe und dem Koffer.)
ONKEL EMANUEL	*(kichernd)* Haha. Das ist ein tolles Versteck für meine Beute, hier beim alten Hahnenkamm. Das habe ich wirklich sehr schlau eingefädelt! Zugegeben, etwas Glück war auch mit dabei. Schließlich hat mir der blöde Emanuel erzählt, dass er bald seine Nichte besuchen wird, um auf ihre Kinder aufzupassen. Das war meine Chance. Ich habe Emanuel einfach einen gefälschten Brief geschickt. Darin stand: „Lieber Emanuel, die Kinder sind leider krank. Wir müssen den Besuch bei Tante Henriette verschieben. Hoffentlich sehen wir uns bald wieder. Deine Nichte." Emanuel blieb dann natürlich brav zu Hause. Er dachte, der Brief wäre wirklich von seiner Nichte! Haha! Und ich? Kann jetzt den Onkel spielen. Wie praktisch. Denn die Familie wohnt gleich in der Nähe von meinem Superversteck.

(Der Onkel will den Sack aufheben und stolpert über Willis ausgestrecktes Bein. Er ist sofort bewusstlos. Die Kinder springen aus ihren Verstecken und fesseln ihm die Hände.)

Conni Über was ist der Onkel denn gestolpert?

Willi Über mein Bein, ich hatte es gerade ausgestreckt.

Fipsi Willi, du bist der Größte. Ohne dich hätten wir diese Sache nicht so schnell und gut geschafft. Pummel, hol schnell Herrn von Hahnenkamm, um ihm sein Nachtgespenst vorzuführen.

(Herr von Hahnenkamm kommt im Bademantel und Nachtmütze, in der Hand einen Leuchter mit einer brennenden Kerze. Er trägt einen alten Säbel in der Hand.)

Herr von Hahnenkamm Meine jungen Herren, ich bin überwältigt. Ich sehe in meinem alten, ehrwürdigen Gemäuer einen Räuber dingfest gemacht. Wie sehr hat dieses Monster meine Nachtruhe gestört. Was stehen wir noch hier herum? Wir vom Geschlechte der Hahnenkamms auf Burg Hahnenschrei fackeln nicht lange. Meinen Degen, damit ich diesen Ehrlosen sofort absteche!

Lisa Ich werde mir erlauben, die Polizei einzuschalten. Verzeihung, Durchlaucht. Aber die Abstechmethode von Einbrechern ist seit ungefähr 300 Jahren aus der Mode gekommen.

Herr von Hahnenkamm Potzblitz! Da wurde ich ja beinahe zum Hahnewitz! Meine lieben kleinen Freunde, wenn ihr euch hier umseht, merkt ihr, dass ich nicht viel Geld zur Verfügung habe. Deshalb möchte ich euch einen Vorschlag machen: Statt eures Honorars in Höhe von 500 Euro könnte ich euch meine Gastfreundschaft anbieten. Ihr könnt, solange ihr wollt, ein Zimmer in meiner Burg Hahnenschrei auf dem Hahnenpuckel als Büro benutzen. Eure Detektiv-Agentur hätte dann eine piekfeine Adresse.

Kinder zusammen Klasse!

Conni Dann kann's ja jetzt richtig losgehen.

(Alle singen zusammen das Lied der Detektive.)

Lied der Detektive

Alle Diebe zittern, bei Tage und bei Nacht,
sehn sich hinter Gittern – und wer hat das vollbracht?

Die kleinen Detektive, das Detektivbüro „Auf Zack“
„Auf Zack“ heißt die Devise, die uns erfolgreich macht.

Und wenn da sind Geräusche, in Opas Kleiderspind,
dann holen Sie uns schnellstens, wir kommen wie der Wind.

Die kleinen …

Und wenn du mal ganz arm bist, wie eine Kirchenmaus,
dann helfen wir dir gerne auch ohne Geld heraus!

Die kleinen …

Nun höret, liebe Leute, wie wir es gemacht,
der Dieb sitzt hinter Gittern, und wer hat dies vollbracht?

Die kleinen …

3. Waldkönig

Personen

Waldkönig, Eichenfried
Puck, Efeuspringer
Blumenelfe Knickstengel
Anton Plattwalz, Bauunternehmer
Karl Frühauf
Frieda Frühauf
Marco und Svenja Frühauf

1. Bild

Der Wald. Die Bühne ist bedeckt mit grünen Turnmatten und mit Laub. Dazwischen stehen Blumentöpfe oder Vasen, in denen Blumen stecken. Der Waldkönig sitzt auf einem Thron (zum Beispiel einem grünen oder braunen Stuhl oder einem großen Holzstück). Puck ist mit Efeu behängt, Blumenelfe mit Blumen. Der König trägt ein grünes Kostüm oder einen großen grünen Kragen, wenn möglich mit einem Eichenzweig in der Hand oder einem Kranz aus Blättern auf dem Kopf.

König Puck, Efeuspringer, herbei! Aber ein bisschen plötzlich! Berichte mir über meinen Wald.

(Puck lugt um die Ecke, macht einen Purzelbaum oder hohen Sprung und fällt vor König Eichenfried hin, rappelt sich auf, lacht und spricht.)

PUCK Hochbelaubter König Eichenfried, höre ruhig, was sich in deinem Wald alles zugetragen hat. Unsere Blumenelfe Knickstengel hat die ganze Nacht getanzt, ohne die Erde für ihre Blumenschwestern zu lockern und den Tau schön gleichmäßig zu verteilen.

(Blumenelfe Knickstengel tritt wütend auf die Bühne.)

BLUMENELFE Altes Ekel. *(Sie verneigt sich vor dem König.)* Hochbelaubter König Eichenfried. Soll eine Elfe nicht manchmal tanzen?

(Popmusik erklingt. Die Elfe beginnt zu tanzen. Sie zieht den König von seinem Thron. Auch er beginnt, nach einem ersten Zögern, zu tanzen. Puck lacht sich halb krank und zeigt auf beide. Der König, leicht aus der Puste, setzt sich wieder sehr würdevoll hin.)

KÖNIG Also, mein liebes Knickstengelchen, der Tanz ist spitze. Aber tust du auch noch deine Pflicht? Wie du weißt, sind deine Blumenfreundinnen auf dich angewiesen und ...

BLUMENELFE ... erwarten, dass ich sie pflege. Doch sieh dich um, König Eichenfried, kannst du nicht sehen, wie schön sie unter deinen Bäumen gedeihen? Unser Wald ist in Ordnung, nur Puck, das Stinktier, motzt dauernd über meine Arbeit!
(Sie stampft mit dem Fuß auf.)

PUCK Stinktier will ich überhören, du Blumenhippie!

KÖNIG Wollt ihr euch wohl vertragen! Wir sind das letzte kleine Stück Wald vor der Stadt. Menschen und Tiere leben von der Luft, die wir ausatmen. Sie brauchen uns. Deshalb müssen wir zusammenhalten und unsere Pflichten erfüllen. Also: Ran an die Arbeit.

PUCK O.k., Chef, ich gehe ja schon!
(Er schlägt einen Purzelbaum und verschwindet.)

BLUMENELFE *(verbeugt sich)* Lieber Waldkönig, ich werde jetzt meinen Pflichten nachgehen, aber mit Musik. *(Sie geht tanzend ab.)*

KÖNIG So, jetzt werde ich mit meinen Baumkindern sprechen, damit sie hoch in den Himmel wachsen, frische Luft ausströmen und das geheime Leben des Waldes erhalten.

2. Bild

Die Küche der Familie Frühauf. Die Familie sitzt am Frühstückstisch.

Vater In einer Woche geht es also los. Die Baumsägen sind schon angefordert, meine Kollegen und ich werden Überstunden machen, das gibt mindestens 600 Euro mehr Lohn.

Svenja Klasse Papa! Dann können wir vielleicht endlich mal richtig in Urlaub fahren, anstatt in den Sommerferien nur zum Picknicken in den Wald zu gehen.

Marco Was hast du gegen das Picknick? Ich finde das immer schön. Die Bäume, die Blumen, Federball spielen …

Mutter … die Walderdbeeren! Dagegen sind die gekauften Erdbeeren einfach nichts wert.

Vater *(sich leise räuspernd)* Naja, mit dem Wald vor unserer Stadt hat es jetzt ein Ende.

Kinder und Mutter Was?

Vater *(ängstlich, vorsichtig)* Nun ja … also … Dieser Einsatz mit den Motorsägen findet in unserem Wald statt.

MUTTER	Du willst doch nicht sagen, dass du mit deinen Kollegen unseren Wald abholzen wirst?
MARCO	Das kann nicht euer Ernst sein!
SVENJA	Wieso denn nicht? Papa ist Waldarbeiter. Er verdient damit sein Geld.
MUTTER	Aber unser Wald ist doch das letzte Stück Natur, das wir haben.
MARCO	Wo sollen wir denn sonntags picknicken? Etwa hier unter unserem Hochhaus auf der Straße?
VATER	*(blickt auf seinen Teller)* Ich weiß ja. Ich habe mich bisher auch nicht getraut, es euch zu erzählen. Aber es lässt sich wohl nicht mehr ändern. Bauunternehmer Paul Plattwalz hat den Zuschlag bekommen, dort Hochhäuser zu bauen. Und nun soll der Wald weg.
MUTTER	Paul Plattwalz, der mit dir zur Schule gegangen ist?
VATER	Ja, genau der. Er ist mit seinem Bauunternehmen zu Geld gekommen. Mittlerweile gehört ihm fast die ganze Stadt. Jetzt hat er es auf das Waldstück abgesehen.
SVENJA	Na ja, wenn der Plattwalz da nicht baut, wird es eben ein anderer tun.
FELIX	Dir ist doch alles egal. Hauptsache, du hast genug Kohle für deine vielen Klamotten!
SVENJA	Mensch, du gehst mir auf den Geist! *(springt auf und geht).*
MUTTER	Ach Kinder, hört doch auf! – Karl, muss das mit dem Wald denn wirklich sein?
VATER	Ich glaube, es lässt sich nicht mehr verhindern. Ich finde es selber furchtbar. Aber was soll ich tun? Svenja hat Recht. Ich bin Waldarbeiter!
MARCO	Aber irgendwie muss es doch möglich sein, Plattwalz zu stoppen.
MUTTER	Ich habe da so eine Idee. Wir laden ihn für Sonntag zu unserem Picknick ein. Vielleicht können wir ihn dabei umstimmen.
MARCO	Aber so ein Typ wie Plattwalz ist doch eiskalt und interessiert sich nur für seinen Gewinn. Was meinst du, Papa?
VATER	Da bin ich mir nicht ganz so sicher. In der Schule war er eher so ein empfindlicher Typ. Hat sich alles zu Herzen genommen und ein bisschen zimperlich war er auch. *(denkt nach)* Vielleicht wäre es einen Versuch wert. Ich habe einen ganz guten Draht zu ihm. Wir unterhalten uns oft, wenn wir uns in der Stadt treffen. Ich werde ihn einladen.

3. Bild

Im Wald.

König Puck, Efeuspringer, herbei!

Puck Chef, wo brennt es? Meine Efeuranken sind alle gesund.

König Blumenelfe Knickstengel, herbei!

Blumenelfe Hochbelaubter König, hier bin ich. Meinen Blumen geht's gut.

König Meine Kinder! Bauunternehmer Plattwalz will unseren Wald ausrotten. Er hat seine Motorsägen schon bestellt. Alle meine Kinder sollen sterben, um Hochhäusern Platz zu machen.

Puck Bauunternehmer Plattwalz sollen die Raupenspinner holen. Ich werde ihn mit meinem Efeu so einwickeln, dass ihm die Luft wegbleibt.

Blumenelfe Und ich werde ihn mit meinen Blumenkindern beschmeißen, dass ihm Hören und Sehen vergeht.

König Die Familie des Waldarbeiters Frühauf will uns unterstützen. Sie wollen Plattwalz zu einem Picknick in unserem Wald einladen. Vielleicht bringen wir ihn auf andere Gedanken. Also …

Puck Wir säuseln und summen –

Elfe Wir duften und klingen –

König Wir rauschen und singen –

Alle gemeinsam – das Lied unseres Waldes.

4. Bild

Die Familie geht mit Bauunternehmer Plattwalz in den Wald. Plattwalz trägt eine Sonnenbrille und einen Rucksack. Auf dem Kopf hat er einen Strohhut.

Plattwalz Ich weiß gar nicht, ob das so eine gute Idee war, mit euch in den Wald zu gehen. Vorsichtshalber habe ich „Mückentot", Salbe, Überlebenspflaster, Mineralwasser, Kopfschmerztabletten, Notverpflegung und ein zweites Paar Schuhe in meinem Rucksack. *(Er holt verschiedene Gegenstände aus dem Rucksack und hält sie in Richtung Publikum hoch.)*

Mutter Lieber Herr Plattwalz, hier brauchen Sie diese Dinge nicht. Unser Wald ist so herrlich, atmen Sie nur die gesunde Luft ein und alles wird für Sie zu einem Märchen.

Plattwalz *(wischt sich den Schweiß von der Stirne)* Märchen, gute Frau! Ich lebe von Tatsachen.

(Er setzt sich auf den Boden. Die Familie setzt sich um ihn herum. Das Picknick wird ausgepackt: Getränke, Obst etc. werden auf eine Decke gelegt. Im Hintergrund erscheint Puck mit Fesseln von Efeu.)

Svenja Wo wollen Sie denn die Hochhäuser bauen, Herr Plattwalz?

Plattwalz Natürlich wird der ganze Wald platt gewalzt. *(Er lacht.)* Wie schon mein Name sagt. Und hier, *(Er steht auf und malt mit dem Zeigefinger einen Kreis in die Luft.)*, hier wird ein Swimming-Pool entstehen, Betonwände zum Sonnen, einfach himmlisch! Genau hier werden die Stände für Eis und Getränke stehen, natürlich mit Kühlhäusern für Bierverkauf.

(Puck will ihn gerade mit Efeu fesseln, da tritt ihm die Elfe mit einem Blumenkranz entgegen und wirft diesen Plattwalz um den Hals. Plattwalz schnuppert.)

Mutter Ein Blumenkranz, wie schön. Der Wald meint es gut mit Ihnen, Herr Plattwalz.

Plattwalz *(stark schnuppernd)* Es riecht herrlich. Dieser Duft. Mir wird so seltsam.

MUTTER	*(hält Plattwalz ein Körbchen hin)* Herr Plattwalz, kosten Sie! So etwas Leckeres wächst hier.
	(Plattwalz nimmt eine Erdbeere, kaut und schaut dabei verträumt um sich.)
MARCO	Sehen Sie sich diese Lichtung an, Herr Plattwalz. Wie schön es hier ist! Was halten Sie davon, auf den Lichtungen des Waldes kleine Holzhäuser zu bauen?
VATER	So könnten Sie den Wald erhalten.
SVENJA	Und wahrscheinlich bekämen Sie den ersten Preis für ein Öko-Projekt. Und Sie ständen in allen Zeitungen. Und Ihre Holzhäuser gingen weg wie warme Semmeln …
PLATTWALZ	Das Rauschen der Blätter, der Duft der Blumen, das alles bringt mich in eine ganz seltsame Stimmung. *(Er springt plötzlich auf und ruft laut:)*
	Wer ist hier der Chef?
	(Die Familie Frühauf sieht sich an.)
SVENJA	*(leise zu den anderen Familienmitgliedern)* Jetzt dreht er durch.
	(Puck springt aus dem Gebüsch und wedelt mit seinen Efeuranken. Die Familie und Herr Plattwalz erstarren.)
PUCK	Unser Chef ist der Waldkönig, du Plattwalzer. Denkst wohl, wir Pflanzen wären für dich, Wohlgeboren, zum Vergnügen da. Weit gefehlt! Wir, die Pflanzen, die Bäume, die Blumen, erhalten dein Leben! Du brauchst uns viel dringender, als du denkst! Du brauchst uns …
BLUMENELFE	… zum Überleben.
KÖNIG	*(tritt majestätisch auf)* Ich bin der König dieses Waldes. Mein Name ist Waldkönig Eichenfried. Ich mache dir einen Vorschlag, Mensch Plattwalz. Denn der, der diesen Wald schuf, will, dass wir, du und ich, zusammenarbeiten.
PLATTWALZ	*(verängstigt)* Zu- Zusammenarbeiten? Heißt das, du willst mir ein Geschäft anbieten? *(leise zu sich)* D- D- Dieser Kerl macht einen seriösen Eindruck. M- Mal gespannt, was er vorschlägt.
KÖNIG	Du kannst dir viele Lichtungen des Waldes nehmen. Darauf solltest du kleine Häuser bauen. Sie stören uns nicht und bringen den Menschen, die dort wohnen, viel Freude und den Tieren, die dort ihre Heimat haben, keinen großen Schaden.

Mutter	Herr Plattwalz, hier ist Ihre Chance!
Vater	Schlagen Sie ein, bessere Bedingungen bekommen Sie nie!
Puck	Wenn du nicht zusagst, wickle ich dich mit meinem Efeu ein, bis niemand mehr erkennt, dass du ein Mensch warst.
Elfe	Ich werde dich mit Gerüchen umgeben, bis du ohnmächtig wirst. Und …
König	*(bringt seine Untergebenen mit einer energischen Handbewegung zum Schweigen)* Stopp! Hört an, was er zu sagen hat.
Plattwalz	*(denkt nach)* Die Idee ist nicht schlecht. Herr Waldkönig. *(Pause)* Ich glaube, wir werden uns einig.
	(Er geht zum König hin, erst zögerlich-ängstlich, dann immer forscher. Er hält ihm die Hand hin.)
	Auf gute Zusammenarbeit!
	(Beide schütteln sich die Hände.)
Elfe	Wunderbar! Ich könnte vor Freude tanzen.
Marco	Und ich erst! Unser Wald bleibt uns erhalten!
Familie Frühauf	Juhu!
	(Popmusik erklingt. Marco greift die Elfe um die Hüften und dreht sich mit ihr im Kreis. Nach und nach fangen alle Mitspieler an zu tanzen.)

4. Ich – Du – Wir

Personen

Murad aus der Türkei
Antonella aus Italien
Iwan aus Russland
Sepp aus Bayern
Dagobert aus Dresden
Zirkusdirektor Hoppeditz
Frau Dr. Klugius

Bühnenbild und Kostüme:

Im ersten und dritten Akt steht auf der rechten Seite der Bühne ein Schreibtisch mit Telefon. An den Tisch gelehnt steht ein Pappschild mit der Aufschrift: „Dr. Klugius, Agentin für alle Gelegenheiten, kann alles alleine, macht alles alleine, will alles alleine“. Im zweiten Akt bleibt die Bühne ohne Dekoration. Abgesehen vom Zirkusdirektor, der einen Zylinderhut trägt, tragen alle Mitspieler Normalkleidung. Frau Dr. Klugius trägt eine große „Intelligenzbrille“.

1. Bild

Frau Dr. Klugius (mit großer Brille) schreibt. Auf der anderen Seite der Bühne, die einen Spielplatz darstellen soll, spielen alle fünf Kinder. Sie springen Seil, Fußball oder Karten und sind fröhlich und laut. Wenn das Telefon klingelt und Dr. Klugius spricht, müssen die Kinder etwas leiser werden. Das Telefon klingelt.

Dr. Klugius	Agentur für alle Gelegenheiten, Klugius? Wie bitte? Ein Gesangsvortrag für einen Kindergeburtstag? Aber keine Frage, das mache ich mit links. Was das kostet? Sagen wir einhundert Euro. Was ich singe? Lassen Sie sich überraschen!
	(Dr. Klugius legt den Hörer auf. Sie steht auf, fasst sich an den Hals und beginnt mit ihrer Stimmübung.)
Dr. Klugius	Mim-Mim-Mim-Mim-
	(Draußen wird es immer lauter.)
Dr. Klugius	Ruhe da draußen! Verflixtes Ausländerpack!
	(Die Kinder hören mit dem Spielen auf. Murad tritt vor, macht eine ironische Verbeugung.)
Murad	Ich bin Murad aus der Türkei.
	(Antonella macht einen ironischen Knicks, wirbelt einmal um sich selbst.)
Antonella	Ich bin Antonella aus Bella Italia.
Iwan	Hallo Fans! Ich bin Iwan aus Russland.
Sepp	I bin dr Sepp aus Bayern.
Dagobert	Isch bin dr Dagobärt aus Dräsden.
Alle Kinder gemeinsam	Aber wir leben alle in … *(Hier kann die Heimatstadt oder der Ort der Schule eingesetzt werden.)*
Dr. Klugius	Ich bitte mir Ruhe aus. Da ich alles im Leben alleine schaffe, wird meine Gesangsnummer einfach hinreißend werden. Was soll ich wohl singen?
	(Während Dr. Klugius überlegt, kann man eine Melodie vorsummen oder vorspielen; zum Beispiel „Guter Mond, du gehst so stille“.)
Dr. Klugius	Ja so geht es. *(Sie singt.)* Guter Mond, du gehst so stille, hinter Nachbars Garten auf.
	(Während des Gesangsvortrages wälzen sich die Kinder vor Lachen auf dem Boden, halten den Mund zu, damit sie nicht laut herausplatzen, und zeigen auf Dr. Klugius.)
Dr. Klugius	Wunderbar! Das Geburtstagskind wird vor Entzücken außer sich sein.
Murad	Das Kind wird vor Freude etwas ganz anderes tun.

Iwan	Das wird ganz laut …
Alle Kinder gemeinsam	Buh rufen!!!
	(Dr. Klugius schaut die Kinder verächtlich an und setzt sich wieder an ihren Schreibtisch.)
Antonella	Wieso denkt die Klugius eigentlich, sie kann alles im Leben alleine tun?
Murad	Ich kann auch nicht alleine Fußball spielen.
	(Die Kinder sehen sich an und zucken ratlos die Schultern. Dann fangen sie an, die folgenden Verse zu singen oder aufzusagen.)
Alle Kinder gemeinsam	Das ist Frau Doktor Klugius, die immer alles schafft. Sie will es stets alleine tun und nur aus eigner Kraft.

2. Bild

Zirkusdirektor Hoppeditz läuft auf der Bühne aufgeregt hin und her. Im Hintergrund läuft Musik, die an eine Zirkusvorführung erinnert (oder Drehorgelmusik). Der Direktor verbeugt sich dauernd vor den Zuschauern, wischt sich mit einem großen Taschentuch den Schweiß ab und ruft zum Schluss ganz entnervt:

Hoppeditz Wo bleibt die Seiltänzerin?

(Im Hintergrund ertönt eine Stimme: „Die Seiltänzerin ist mit einem Seiltänzer durchgebrannt.")

(Der Zirkusdirektor verbeugt sich wieder vor dem Publikum, lächelt ganz verkrampft und ruft dann in die Kulisse.)

Hoppeditz Wo ist mein Pfeilwerfer?

(Stimme aus dem Hintergrund: „Der Pfeilwerfer hat sich beide Arme gebrochen!")

(Hoppeditz wendet sich zur anderen Seite der Bühne und fragt:)

Hoppeditz Was ist mit der Hasen-Dressur?

(Stimme aus dem Hintergrund: „Die Hasen haben die Masern!")

(Hoppeditz verbeugt sich wieder vor dem Publikum, lächelt, fächelt sich mit dem Taschentuch Luft zu, lockert seinen Kragen und fragt sehr leise:)

Hoppeditz Warum hüpfen meine lieben Pferde nicht?

(Stimme aus dem Hintergrund: „Alle Pferde haben den Schluckauf und fallen über ihre eigenen Beine!")

(Nun ist Hoppeditz ganz außer sich, er verbeugt sich in alle Himmelsrichtungen, auch nach hinten, wo keine Zuschauer sind, lächelt wieder zu den Zuschauern hin, verändert aber sofort seine Mimik und ruft fast zusammenbrechend:)

Hoppeditz Und wo bleibt mein Augensternchen, der Clown?

(Stimme aus dem Hintergrund: „Dein Augensternchen ist von einer Wespe auf die Nase gestochen worden und hat nun die Hauptrolle im Film „Zwergnase" bekommen!")

Hoppeditz Ich bin am Ende. Wo sind meine Baldriantropfen?

(Er nimmt ein Glas vom Boden, schüttet ein paar Tropfen hinein, trinkt und fragt:)

Hoppeditz Wer kann mich nur retten?

3. Bild

Arbeitszimmer von Dr. Klugius. Sie sitzt hinter ihrem Schreibtisch, die Kinder spielen wieder auf der anderen Seite der Bühne. Zirkusdirektor Hoppeditz tritt auf, bleibt etwas unentschlossen in der Nähe des Schreibtisches stehen, nimmt eine Brille aus der Tasche und entziffert etwas mühsam das Schild der Agentur. Dr. Klugius steht auf, packt Hoppeditz am Arm und zieht ihn mit festem Griff vor ihren Schreibtisch.

Dr. Klugius Nur hereinspaziert, Herr Direktor Hoppeditz, wo fehlt es denn?

Hoppeditz An allem, Frau Doktor. Ich bin ruiniert, wenn Sie Frau Doktor, mir nicht helfen. Sie können doch alles *(Er zeigt auf das Schild.)* und vor allem schaffen Sie alles alleine. Ich brauche für die nächste Vorstellung in meinem Kinderzirkus sofort eine Seiltänzerin, einen Pfeilwerfer, eine Hasen-Dressur, eine Pferde-Dressur und ein Augensternchen, ich meine natürlich, einen Clown.

Dr. Klugius Aber gar kein Problem, Herr Direktor, Dr. Klugius kann alles, macht alles und will alles und stets alleine und nur von bester Qualität. In zwei Stunden haben Sie Ihre neuen, kindlichen Mitarbeiter!

(Sie schiebt den Direktor hinaus.)

Dr. Klugius In zwei Stunden. Das könnte knapp werden.

(Die Kinder haben sehr aufmerksam gelauscht, haben ihre Spiele nach und nach unterbrochen und singen oder sprechen.)

Alle Kinder gemeinsam

Alles will sie können,
so ist es bei ihr Brauch.
Den Zirkus schafft sie niemals,
jetzt steht sie auf dem Schlauch.

Ja, Frau Doktor Klugius, alleine bin ich stark!
Oh, Frau Doktor Klugius, das ist doch alles Quark!

Dr. Klugius *(klatscht in die Hände)* Ruhe da draußen! Oder haben die Kinder am Ende Recht? Wenn ich ehrlich bin, die Zirkusnummer schaffe ich wirklich nicht alleine.

(Während Frau Dr. Klugius spricht, werden die Kinder mit den Spielen etwas lauter, aber nicht so stark, dass man die Stimme der Dr. Klugius nicht verstehen könnte.)

Dr. Klugius Hört doch endlich einmal mit dem Zirkus da draußen auf!

(Sie fasst sich an den Kopf.)

Dr. Klugius	Zirkus? Habe ich Zirkus gesagt? Heidewitzka, ich habe die Lösung! Die Kinder treten zusammen mit mir im Zirkus auf. Das schaffe ich … äh … Das schaffen wir … leicht. *(etwas leiser zum Publikum hin)* Natürlich war ich nicht immer sehr nett zu ihnen. Hoffentlich werden sie mir das nicht nachtragen.
	(Dr. Klugius geht scheinheilig auf die Kinder zu.)
Dr. Klugius	Meine lieben kleinen Freundinnen und Freunde … *(Sie breitet die Arme aus.)*
	(Die Kinder stoßen sich gegenseitig an und rufen: Hö, hö …)
Dr. Klugius	Ihr habt doch sicher, wie immer, alles mitgehört. Zirkusdirektor Hoppeditz ist ganz aus dem Häuschen und …
Murad	… wir sollen Ihnen also helfen, die Karre aus dem Dreck zu ziehen?
Dr. Klugius	Also, äh ja, so ähnlich, dachte ich.
Sepp	Und mal angenommen, wir schaffen das, was kriegen wir dann von Ihnen dafür?
Dr. Klugius	Tja, da müssen wir mal nachdenken …
Antonella	Wie wär's mit einem neuen Fußball für uns?
Dr. Klugius	Gut, das ließe sich einrichten.
Alle Kinder gemeinsam	Also, Ärmel hochkrempeln und los!
	(Sie krempeln alle die Ärmel hoch. Alle Kinder stellen sich mit Frau Dr. Klugius in einer Reihe auf. Zirkusdirektor Hoppeditz tritt auf, wirft dem ersten der Kinder ein langes Seil zu, alle fassen mit an, auch Frau Dr. Klugius und Direktor Hoppeditz, und fangen beim ersten Kind an.)
Alle gemeinsam	*(zählen ab)* Ich – du – ich – du – ich – du – *(bis die Reihe zu Ende ist. Zum Schluss rufen alle zusammen:)* Wir!!!
	(Die Kinder gehen gemeinsam mit Dr. Klugius und dem Zirkusdirektor von der Bühne. Dabei singen sie die erste Strophe des Schlussliedes immer wieder (siehe S. 42; Melodie frei wählbar). Im Bühnenhintergrund greifen sie sich jeweils ein Zirkus-Requisit, gehen wieder singend auf die Bühne und stellen sich vor dem Publikum auf. Dann sprechen sie gemeinsam die Schlussverse.)

Schlusslied	Nun stehen wir alle zusammen erst ich, dann du, dann wir. Dir, Zirkus, wird geholfen, wir laufen gleich zu dir.
Schlussverse	Mit Frau Doktor Klugius gemeinsam geht's famos, wir ziehen alle an einem Strick und lassen ihn nicht los.
Requisiten für die Schlussszene	Plastikmesser (für den Messerwerfer) Ein Holzpferdchen (für die Pferde-Dressur) Clownshut und -nase (für den Clown) Stoffhase und Zylinder (für den Hasen-Dresseur) Ein glitzerndes Hemdchen und ein Seil (für die Seiltänzerin)

5. Die Reise in die Zukunft

Personen Vater Findikus, Erfinder
Mutter Siria
Sohn Computulus
Anton Schmitz, Gastwirt
Maria Schmitz, Wirtin

1. Bild

Zimmer im Hause des Erfinders Findikus. Auf dem Tisch steht ein Computer. Im Raum steht zudem eine Zeitreisemaschine (zum Beispiel ein kleines Boot oder eine einfache Kiste mit Rollen). Eventuell stehen Vasen mit Plastikblumen herum. Die Familienmitglieder sind mit Plastik- oder Müllsäcken bekleidet und etwas bizarr geschminkt.

FINDIKUS Bald ist es soweit. Wenn mein Computer sich nicht irrt, habe ich bald die Formel für die Zeitreisemaschine entdeckt. Mit ihr können wir dann 500 Jahre in die Zukunft oder 500 Jahre in die Vergangenheit fahren.

SIRIA Wenn du nicht soviel Zeit mit diesem technischen Monster vertrödeln würdest, säßen wir längst gemütlich in der Rakete und würden unseren Urlaub wie jedes Jahr auf meinem Namensstern, dem Sirius, verbringen.

FINDIKUS In dieser langweiligen Steinwüste können wir ohne Astronautenanzüge keinen Schritt gehen. Außerdem gibt es auf dem Sirius nur rote und grüne Essenschips. Das ist so eintönig!

SIRIA Apropos Essenschips. Gut, dass du mich daran erinnerst: Ich muss noch schnell zum Supermarkt fliegen. Ist ja nicht weit, nur 15 Kilometer. *(Siria schreibt etwas auf einen Zettel, leise murmelnd.)*

SIRIA Was brauchen wir denn? Drei grüne Ballaststofftabletten, eine rote Fleischtablette, 14 Bierchips, für dich natürlich *(sieht ihren Mann finster an)*, zwei rosa Gemüsechips, und, ach ja, zwei neue Atemschutzmasken.

FINDIKUS Schon wieder neue Atemschutzmasken?

SIRIA *(Sie zeigt ihm zwei stark gebrauchte Gegenstände, die wie Masken aussehen.)* Sieh mal, die alten sind doch schon total zerfleddert. Und wir brauchen sie immer dringender. Schließlich gibt es in unserer Stadt mehr und mehr Privatraketen, die die Luft verpesten. Und in den letzten fünf Jahren wurden 20 neue Fabriken gebaut. Jetzt sind es schon 600.

FINDIKUS Ja, meine Liebe, der Fortschritt, unser Fortschritt! Wer hätte das alles je für möglich gehalten? Unser Land ist fest zubetoniert, alle Bäume aus Plastik, der Rasen aus Kunststoff, alles wunderbar sauber und so haltbar! Ist es nicht herrlich?

(Siria nimmt einen Rucksack mit kleinem Propeller auf den Rücken und hält die Atemschutzmaske bereit.)

SIRIA Ach, weißt du, Findikus, manchmal möchte ich so gerne wie unsere Vorfahren den Duft einer Blume einatmen oder einen echten Baum sehen oder Vögel hören, die richtig singen können. Ich will nicht dauernd diese leblosen Plastikvögel sehen.

FINDIKUS Ach was, das ist doch alles völlig veraltet. Wir schreiben das stolze Fortschrittsjahr 2500. Und überhaupt: Was hatten unsere Vorfahren schon? Sieh her, im Computer steht es doch.

(Er zieht sie zum Computer.)

Hier bitte: Jeder dritte Mensch hatte eine Allergie wegen deiner Bäume und Blumen. Autos verpesteten die Umwelt. Haha, die hatten tatsächlich eine Umwelt! Es ist nicht zu glauben. Und was haben wir? Das perfekte, computergesteuerte Plastik-Leben. Kein Mensch auf der Welt muss hungern. – Ich gebe zu, es gibt nicht mehr viele Menschen auf der Welt. Aber jeder Erdenbewohner hat jetzt seine schönen Esschips in den tollsten Farben.

Siria Die schmecken aber alle gleich.

Findikus Nun lass mal, liebste Siria, wir werden einen herrlichen Urlaub verleben. Hör mal, was meine neue Entwicklung für uns möglich macht.

(Computulus tritt auf, sehr bizarr geschminkt, mit abgehackten Bewegungen, steif wie eine Marionette. Er spricht mit einer Stimme ohne Höhen und Tiefen auf einer Stimmlage.)

Computulus Guten Tag – Vater Findikus – Mutter Siria – Hunger – Chips geben – sofort.

Findikus Computulus, wie wundervoll. Der Kurs „Wie werde ich in drei Wochen zum Computer?“ hat ja schon Früchte getragen.

Computulus Keine unsinnigen Gespräche – Hunger – essen – Chips.

Siria Soll das heißen, dass unser einziger Sohn nur noch in Stichwörtern zu uns spricht? Computulus, hast du deine Eltern noch lieb?

Computulus Liebe noch nicht gespeichert – brauche ich jetzt nicht – Hunger – essen – Chips.

Siria Ach, du meine Güte. Ich fliege jetzt lieber zum Einkaufen.

(Siria bindet sich die Atemschutzmaske um, zurrt den Rucksack fest, und läuft schnell von der Bühne.)

Findikus Computulus, wir werden einen sensationellen Urlaub verleben. Meine neue Erfindung ist fertig. Hier!

(Er zeigt auf die Zeitreisemaschine.)

Das ist eine Zeitreisemaschine. Ich kann sie auf 500 Jahre in die Zukunft einstellen. Wir reisen in das Zentrum des Fortschritts.

Computulus Prima – gut – schön – gibt Spaß – dort keine Menschen – nur noch Computer.

Findikus Sehr richtig, du hast es erfasst. Aber Mama dürfen wir das auf keinen Fall sagen. Wir drehen einfach die Sache um und machen ihr weis, dass wir 500 Jahre in die Vergangenheit fahren. Sie sehnt sich seltsamerweise immer noch nach dieser alten Zeit.

Computulus Wann – fahren?

Findikus Sofort nach dem Essen.

2. Bild

Der Biergarten des Gasthofs „Zum fröhlichen Anton". Mehrere gedeckte Tische mit Tischdecken und Blumen stehen auf der Bühne. Im Hintergrund hängt ein Schild mit der Aufschrift „Gasthof zum fröhlichen Anton". In einer Ecke der Bühne steigt die Familie des Erfinders aus ihrer Zeitmaschine.

SIRIA Findikus, du hast es geschafft! Sieh mal, genau die Blumen, die in den alten Aufzeichnungen beschrieben werden. Oh, die riechen gut. Dort, schau, eine Wiese mit echtem Gras, und ein echter Vogel fliegt herum. Ist das nicht herrlich?

FINDIKUS *(kratzt sich am Kopf)* Ah weia, ob meine Maschine falsch programmiert war?

(Gastwirt Anton Schmitz kommt fröhlich heran.)

ANTON Guten Tag, meine Herrschaften, herzlich willkommen im „Gasthof zum fröhlichen Anton". Anton, das bin ich, habe die Ehre *(Er verbeugt sich.)* Was darf es denn sein? Ein leckeres Bier für den Papa, eine Limonade für die Mama und für den Sohnemann eine Cola? *(Betrachtet Computulus und murmelt vor sich hin.)* Sieht ja ein bisschen komisch aus.

(Wirtin Maria Schmitz tritt auf, zieht Anton am Ärmel beiseite.)

MARIA Anton, was sind denn das für komische Leute? Können die denn überhaupt bezahlen? Wir können uns nicht leisten, Essen und Trinken aus dem Fenster zu werfen. Halte die Cents zusammen, Anton.

ANTON Ja, Ja, Frau, ich gehe jetzt und hole die Getränke.

(Anton geht ab.)

Maria	Nehmen Sie doch hier am Tisch Platz. Wo kommen Sie denn her?
Findikus	Wir kommen aus … *(Hier kann man seine Heimatstadt einfügen.)*
Maria	Wie, hier aus …? Wir haben aber noch keinen Karneval *(Fasching)*. Verzeihung, aber wir verkleiden uns manchmal an Karneval *(Fasching)* so, wie Sie jetzt aussehen. So etwas altertümlich. Im Stil der verrückten Computer-Zeit vor ungefähr 500 Jahren. *(Findikus springt auf und wirft dabei vor Aufregung seinen Stuhl um.)*
Findikus	Heißt das, dass wir doch in die Zukunft gefahren sind? Bitte, sagen Sie mir schnell, welches Jahr schreiben wir?
Maria	Wir haben heute den 5. Juli 3000.
Familie gemeinsam	Was?
Siria	Mir platzt bald der Kopf. Ich denke, wir wären 500 Jahre in die Vergangenheit gefahren, und so sieht es doch hier auch aus. Wie können wir in die Zukunft gefahren sein, wenn hier alles so aussieht wie im Jahre 20.. *(Hier soll die aktuelle Jahreszahl eingesetzt werden.)*.
Findikus	*(berührt Siria am Arm)* Dann scheint die Zukunft doch ganz anders auszusehen, als wir dachten. Interessant, sehr, sehr interessant.
Computulus	Wo sind Raketen – Hochhäuser – Fabriken?
	(Anton kommt mit einem Tablett und serviert Brot, Tomaten, Radieschen, Würstchen, Bier, Limonade und Cola.)
Anton	Das haben wir alles abgeschafft.
Findikus	Aber wieso?
Anton	Das gab doch nur Ärger, Kriege, Dreck und viel, viel Streit.
Siria	Und wovon leben Sie?
Maria	Erstens haben wir die Gastwirtschaft, ich hoffe doch stark, dass Sie auch bezahlen können …
	(Findikus kramt in seinen Taschen nach Geld.)
Maria	Und dann haben wir zwei Ferkel, vier Schafe und drei Ziegen. Dann gibt es noch den Garten und die kleine Landwirtschaft, mehr brauchen wir nicht.
Siria	Aber der Fortschritt, die großen Entwicklungen?
Computulus	Was ist für Sie wichtig, wenn es nicht der Fortschritt und tolle Erfindungen sind?

Siria und Findikus gemeinsam *(erstaunt zueinander)* Unser Sohn kann ja plötzlich in Sätzen sprechen!

Anton Wir haben irgendwann gemerkt, dass wir viel besser leben können, wenn wir etwas weniger haben. Es geht ein wenig langsamer, aber dafür gemütlicher weiter. Die Hauptsache ist doch, dass wir alle Luft zum Atmen haben.

Die ganze Familie gemeinsam Ohne Atemschutzmasken!

Maria So ist es. Aber verschenken können wir trotzdem nichts. Anton, mach die Rechnung.

(Anton rechnet auf einem Blatt Papier die Posten zusammen.)

Anton Das macht zusammen 20 Euro.

(Findikus wühlt verzweifelt in allen Taschen und sieht Siria hilfesuchend an.)

Findikus Ich habe in der Aufregung kein Geld eingesteckt!

Maria *(vorwurfsvoll)* Siehst du, Anton, ich hab es dir doch gesagt. Die können nicht zahlen!

Siria Ich habe eine Idee! Wäre es vielleicht möglich, dass wir Ihnen in unserem Urlaub etwas helfen? So könnten wir die Gastfreundschaft abarbeiten.

Maria *(sieht Anton nachdenklich an.)* Die Idee ist gar nicht so schlecht. Gerade sind uns zwei Aushilfskräfte abgesprungen und die Saison fängt bald an. Und dann sind da noch die Tiere und Felder zu versorgen. Wie wär's wenn Sie in die Küche gehen *(zeigt auf Siria)*, Sie helfen bei der Feldarbeit *(zeigt auf Findikus)* und der Junge könnte die Tiere füttern.

Findikus Siehst du, Siria. Das ist doch genau, wie du es dir vorgestellt hast. Wir machen Urlaub in der Natur.

Maria *(leise zu Anton)* Ich fürchte allerdings, dass unsere neuen Mitarbeiter alle „linke Hände" haben und dass der komische Junge unsere Ferkel für Monster hält.

Anton Ganz egal, Maria. Wir werden sie gründlich einarbeiten. Und dann machen wir zwei mal einen Ausflug.

Maria Wohin sollen wir den fahren?

(Alle Mitspieler sehen sich an.)

Alle gemeinsam Natürlich in die Zukunft!

6. Das Straßenfest

Personen Peter, Schrotthändler
Lauschöhrchen, Gelegenheitsarbeiter
Bauunternehmer Überschluck
Zwei Jugendgruppen:
Die Tiger: Marc
Ingo
Lukas
Die Haie: Boris
Moritz
Thomas

1. Bild

In der Mitte der Bühne stehen ein Stuhl/Schaukelstuhl und eine Kiste mit Trödelwaren. Auf der linken und auf der rechten Bühnenseite steht jeweils ein Tisch. Alle Mitspieler tragen normale Straßenkleidung.

Die Tiger tragen Brillen und Stifte, die sie sich hinter die Ohren geklemmt haben; die Haie Sportkleidung. Vor dem Auftritt der beiden Jugendgruppen kann man jeweils passende Erkennungsmelodien spielen, welche die beiden unterschiedlichen Gruppen charakterisieren (z. B. ein Rock- und ein Popstück).

Peter, der Schrotthändler, sitzt in der Mitte der Bühne auf einem Stuhl oder Schaukelstuhl und kramt in einer großen Kiste voller Altwaren.

PETER	Als Schrotthändler ist man in der Plastik-Zeit einfach aufgeschmissen. Kein Mensch kommt mehr, wenn ich durch die Straßen fahre und mit meiner Glocke läute. Ich rufe so laut ich kann: Lumpen, Eisen, Papier! Doch niemand kommt. Wenn ich rufen würde: Plastikschüsseln, Plastikgeschirr! Dann käme die halbe Stadt mit ihrem Abfall gelaufen und mein Karren würde proppenvoll.
	(Lauschöhrchen tritt auf, mit buntem Hut und alter Jacke)
LAUSCHÖHRCHEN	Na, Peter, hast du wieder viel zusammengeramscht? Lass doch mal schauen, ob für mich etwas Schönes dabei ist. *(Er kramt hastig in der Kiste.)* Sieh mal da, ein altes Radio. Gibst du mir das, Peter? Vielleicht kann ich das einem Dummen für 50 Euro andrehen. *(Peter reißt ihm das Radio aus der Hand.)*
PETER	Finger weg, gieriges Lauschöhrchen. Was hast du denn Neues in der Stadt gehört? Du hast doch immer die Ohren auf Empfang stehen.
LAUSCHÖHRCHEN	Ich habe gehört, dass der große Häuser-Aufkäufer Überschluck seine Augen auf unser Stadtviertel gerichtet hat. Genau genommen schaut er so intensiv auf deine alte, morsche Bruchbude, dass er schon fast schielt.
PETER	Was du nicht sagst! Und warum interessiert sich der reiche Überschluck für mein altes Holzhäuschen?
LAUSCHÖHRCHEN	Man hört so vielerlei. Doch mein Mund bleibt fest verschlossen.
PETER	Obwohl du bis jetzt ununterbrochen geredet hast. Hau ab, Lauschöhrchen, da kommen die Kinder! Die können dich nicht leiden, alte Klatschtante.
	(Lauschöhrchen geht ab und macht ganz beleidigt: „Pfhhhhhh“. Die Tiger betreten die Bühne. Marc setzt sich an den Tisch, die zwei anderen stehen in seiner Nähe. Marc zieht ein Blatt aus der Tasche.)
MARC	Ich habe einen Namen für unsere Schülerzeitung gefunden: „Stachelschweine“.
INGO	Prima Idee, Marc. Denn wir wollen mit der Zeitung richtig zustechen! Wir müssen alle darüber informieren, was die Haie in der Schule anstellen.
LUKAS	Also, der erste Artikel könnte so anfangen: „Die Haie stören den Schulfrieden, weil sie dauernd Prügeleien auf dem Schulhof anfangen.“
MARC	Schreiben wir doch ein Gedicht: „Kommt ein Hai, schon Keilerei.“
	(Inzwischen kommen die drei Haie auf die Bühne. Sie haben die letzten Sätze mitgehört. Boris trägt eine Kiste Gemüse, knallt sie voller Wut auf den Tisch der Haie.)

Boris	Du armseliges Würstchen, wenn ich dich packe, bleibt von dir nichts mehr übrig!
Moritz	Ihr Tiger seid doch nur Papier-Tiger. Guck dir nur diese Schülerzeitungs-Fritten an. Alles im Kopf, aber keine Kraft in den Armen.
Thomas	Wir haben schon drei Stunden in der Markthalle gearbeitet.
Boris	Das schafft ihr schlappen Heinis sowieso nicht.
	(Thomas gibt Peter einen Geldschein.)
Thomas	Hier, Peter, für die Kasse, weil wir so oft bei dir sein dürfen.
Peter	Danke. Das lege ich in die Schrottkasse. Dann kann ich bald die Stromrechnung bezahlen.
Thomas	Und was habt ihr so verdient in letzter Zeit?
Marc	Mit dem Kopf kann man auch arbeiten. Was denkt ihr, steckt in diesem Umschlag? Marc zieht einen Umschlag aus der Tasche und wedelt Thomas damit vor der Nase hin und her.
Lukas	Ja, da staunt ihr. Hier sind 10 Euro. Für unseren Bericht in der Stadt-Zeitung.
	(Ingo faltet eine Zeitung auseinander und liest laut vor.)
Ingo	Der Überschluck-Skandal: Überschluck, der große Haus-Aufkäufer, betrügt Menschen beim Kauf ihrer Grundstücke. Er schüchtert sie ein und übt Druck auf sie aus.
Marc	Hör auf, vorzulesen, Ingo! Richtiges Deutsch verstehen die Haie sowieso nicht.
Thomas	*(leise zu Boris)* Was heißt denn Skandal?
Boris	Keine Ahnung.
	(Die Tiger, die alles mitgehört haben, brechen in spöttisches Gelächter aus. Daraufhin fallen die Haie über sie her. Peter springt auf, trennt die beiden Gruppen und zeichnet mit Kreide mitten auf der Bühne eine Trennlinie.)
Peter	So, Haie auf die eine Seite, Tiger auf die andere. Ich kann nur hoffen, dass der blöde Strich eines Tages überflüssig wird.
	(Es klopft und kurze Zeit später poltert Überschluck herein. Er hinkt leicht.)

Überschluck Darf man näher treten, die Herrschaften? Einen wunderschönen guten Tag, Herr Peter. Der große Überschluck gibt sich die Ehre *(Überschluck geht in alle Ecken der Bühnen und untersucht alles.).* Aber, aber, Herr Peter, kein Badezimmer? Die Fensterläden morsch, der Fußboden voller Löcher? Was würde die Baupolizei sagen, wenn sie dies sähe? Auf Ihrer kaputten Treppe habe ich mir beinahe den Hals gebrochen.

(Alle Kinder und Peter lachen laut auf.)

Überschluck Wie, ihr lacht? Herr Peter, Sie haben es mit einem Menschenfreund zu tun. Das Grundstück, auf dem diese olle Baracke steht, habe ich mir schon einverleibt. Für Ihre Läusebude zahle ich Ihnen 200 Euro, dann dürfen Sie verduften. Oder Sie zahlen mir für das Grundstück 1000 Euro, dann dürfen Sie bleiben.

(Während Überschluck spricht, rücken die Kinder immer näher zusammen. Sie fragen voller Spannung:)

Kinder Was wollen Sie denn hier bauen, Herr Überschluck?

Überschluck *(breitet die Arme aus)* Hier soll ein Riesen-Spaßbad entstehen; mit 300-Meter-Rutsche, 7 Wasserbecken, Sauna, Solarium, Fritten-Bude, Cafeteria und 32 Kassen.

Lukas Wieso denn 32 Kassen?

Überschluck Damit ich allen Eltern, die mit ihren Kindern in mein Bad wollen, besser das Geld abnehmen kann. Hahaha *(lacht gemein auf; dann scheinheilig weiter)*! Nun, ich bin ein Menschenfreund. Vergiss nicht, Peter, in zwei Wochen komme ich wieder und hole mir die 1000 Euro ab. Wenn du sie dann nicht zusammengekratzt hast, lasse ich deine Bude abreißen. Und du machst die Fliege … *(Überschluck breitet die Arme aus und macht)* surr-surr-surr-surr *(und läuft so von der Bühne).*

(Die Kinder und Peter sehen sich an. Dann fängt Lukas an, den Kreidestrich mit dem Fuß wegzuwischen.)

Lukas Hey Jungs. Ich glaube, wir sollten jetzt besser zusammenhalten.

Marc Wir müssen uns was ausdenken und Überschluck aus der Stadt treiben.

Ingo Ich sehe schon die Schlagzeile vor mir: „Überschluck hat sich verschluckt“.

Boris Jetzt hört mit der Dichterei auf und werdet mal praktisch. Peter, wie viel Geld ist in der Kasse?

(Peter zählt langsam sein Geld vor.)

Peter 81, 82, 83 Euro und 70 Cents.

Moritz Oh Mann, und der Halsabschneider fordert 1000 Euro. Was machen wir jetzt?

Peter Ich nehme die 200 Euro von Überschluck und gehe in das Asyl für arme Leute.

Alle gemeinsam Auf gar keinen Fall, Peter!

Lukas Wir werden das Geld verdienen.

(Lauschöhrchen tritt auf.)

Lauschöhrchen Hallo, hallo, was haben meine großen Ohren da aufgefangen? Bei dir ist es bald zu Ende, Peter? Ich sage dir, mit dir ist es aus!

(Thomas packt Lauschöhrchen beim Kragen.)

Thomas Ich hab's! Wir stopfen Lauschöhrchen aus und verkaufen ihn an das Stadtmuseum mit der Aufschrift: „Lauschöhrchen-Original-Ausgabe: verbreitete in Windeseile schlechte Nachrichten."

Lukas Wie viel würde der wohl bringen?

Marc Na, vielleicht einen Tausender!

(Lauschöhrchen reißt sich beleidigt los.)

Lauschöhrchen Ich komme doch gerade, um euch allen zu helfen. Denn ich habe so eine Idee, wie wir das Geld aufbringen könnten.

(Lauschöhrchen nickt bedeutungsvoll. Winkt Peter und die Kinder zu sich heran. Sie stecken die Köpfe zusammen und murmeln leise, dazu erklingt eine Musik.)

2. Bild

Die Bühne bleibt im zweiten Akt ohne Dekoration. Das Straßenfest wird lediglich durch die Verkleidung der Kinder angedeutet. Die Kinder sollten sich die Rollen aussuchen, die ihnen liegen. Deshalb sind die einzelnen Namen nicht angegeben.

Die Figuren:
1 Clown mit einer Geige (oder ähnliches Instrument)
1 Waffelbäcker mit einem kleinen Korb Waffeln
1 starker Mann mit Gewichten (ganz leichte Bälle an einer Stange)
1 Luftballon-Verkäufer mit einigen Luftballons
2 oder 3 lustig kostümierte Turner
Peter, eventuell mit einem Zylinder, als Leiter des Straßenfestes

Eine Zirkus-Musik (oder Drehorgel-Musik) erklingt. Peter tritt an ein Mikrofon (oder hält ein imaginäres Mikrofon in der Hand).

Peter Meine Damen und Herren! *(Er verbeugt sich zu den Zuschauern hin.)* Herzlich willkommen bei unserem Straßenfest. Wie schön, dass Sie so zahlreich erschienen sind. Sie werden für Ihr Eintrittsgeld großartige Vorführungen erleben. Begrüßen Sie mit mir unseren Clown *(applaudiert wild)*!

Clown Ich bin der Clown, und wie ihr wisst, meine eine Seite fröhlich, die andere traurig ist. So ist es um jeden von uns bestellt, so sind wir alle auf dieser Welt. Doch ist mal die traurige Seite dran, zeige ich jetzt wie man das ändern kann.

(Der Clown nimmt lächelnd seine Geige und spielt. Dazu ertönt, wenn möglich, ein Geigen-Solo. Der Clown verbeugt sich und stellt sich seitlich auf die Bühne.)

Peter Jetzt wollen wir sehen, hören und schmecken, was unser Waffelbäcker für uns hat.

(Waffelbäcker betritt die Bühne. Er hält einen Korb am Arm.)

Waffelbäcker Hört, Freunde, die ihr heute seid gekommen, wie ich mich eurer hab angenommen. Ihr seht hier den Bäcker, der bäckt euch zur Freude knusprige Waffeln. Denn es ist bei den Menschen schon immer der Brauch, dass zu jedem Fest wird gegessen auch. Ich will mit meinem Korb hier eilen, an euch die knusprigen Waffeln verteilen.

(Der Waffelbäcker verteilt den Inhalt des Korbes.)

Peter Unser Bäcker wird an euch, liebe Gäste, einige Waffeln verteilen. Und nun kommen unsere Turner, die zeigen, was sie können.

(Drei Turner in bunten Kostümen betreten die Bühne und singen.)

Durch die Straßen auf und nieder
springen jetzt die Turner wieder.
Hoch und runter, viel zum Lachen,
sehet Leute, was wir machen.

(Die Turner versuchen sich an einer Pyramide. Zwei Kinder knien auf dem Boden, einer klettert auf die Schultern. Sie stolpern, fallen mehrmals und schaffen es am Ende. Sie verbeugen sich und singen nach einer beliebigen Melodie ihr Schlusslied. [Das Lied kann auch gesprochen werden.])

Seht, das war die große Schau.
Saht ihr es auch genau?
Nun ade, auf Wiedersehen,
voller Freude wir nun gehen.

PETER Wir danken unseren Turnern mit einem ganz großen Applaus. Nun kommt ein Mann, der Luftballons verkauft.

LUFTBALLON-VERKÄUFER
Alle woll'n in die Höhe streben.
Seht die Ballons! Sie sind wie das Leben.
Wir wünschen es bunt und ohne Schwere.
Doch geben die Bälle uns folgende Lehre:
Geraten sie mal an ein scharfes Eck,
zerplatzen sie und sind schnell weg.
Drum lebet nicht zu verschwenderisch und zu bunt,
dann bleibt ihr alle auch lange gesund.

PETER Applaus für unseren Luftballon-Verkäufer und sein Gedicht!

(Während des Applauses kommt Überschluck auf die Bühne.)

ÜBERSCHLUCK Bin ich hier im falschen Stadtviertel? Ich komme, meine 1000 Euro abzuholen. Peter habt ihr das Geld zusammen?

Alle treten einen Schritt vor. Peter hält die Kasse in der Hand.

ALLE SINGEN GEMEINSAM
(oder sprechen)
Mensch, ist das Klasse,
wir haben 1000 Euro in der Kasse,
mit Hilfe der Leute,
die uns besuchten heute.
Herr Überschluck, hier haben Sie das Geld,
und nun verduften Sie, aus dieser Welt!

(Überschluck nimmt die Kassette mit dem Geld entgegen. Er steht leicht geduckt da, den Kopf zwischen den Schultern, sieht verschämt nach rechts und links und geht dann ab, erst zögernd, dann immer schneller.)

(Peter und die Kinder lachen ihm hinterher. Kurze Zeit später kommt Überschluck zurück, die Kassette im Arm.)

PETER Nanu, Überschluck, haben Sie etwas vergessen?

ÜBERSCHLUCK Ich habe es mir anders überlegt. Denn auch ich habe ein Herz – ob ihr's glaubt oder nicht. Und Leistung hat mir schon immer imponiert. Was die Kinder hier zusammen mit Peter und Lauschöhrchen aufgestellt haben, ist ja sensationell. Deshalb, Schrotthändler Peter, verzichte ich auf das Geld und lasse Ihnen den Schrotthandel.

(Kinder, Peter und Lauschöhrchen jubeln laut auf.)

ÜBERSCHLUCK Nur eine Bedingung stelle ich: Das Häuschen von Peter soll mit dem Geld renoviert und zu einem Jugendtreff ausgebaut werden, damit alle Kinder und Jugendlichen einen Treffpunkt haben.

(Alle fallen sich in die Arme und tanzen zur Schlussmusik.)

7. Im Doppelpack

Personen

Zwilling Veruschka von Hochstapel
Zwilling Annuschka von Hochstapel
Freundin Nina
Freundin Lora
Zirkusdirektorin Samanta Roncilli
Detektiv Freddy Flinkfuß
Zirkusprinzessin Esmeralda
Tante Amelia von Hochstapel
Redakteurin Susi Sause

1. Bild

Ein Zimmer im Schloss von Amelia von Hochstapel. Amelia, elegant gekleidet, mit Hut, sitzt an einem Tisch und hält einen Brief in den Händen.

AMELIA Oh, der Rechtsanwalt meines verstorbenen Bruders. Was schreibt er denn wohl?

(Sie öffnet den Brief und liest. Während der Lektüre verfinstert sich ihre Miene mehr und mehr.)

Amelia	Oh Gott, ich werde hier bald alles verkaufen können! Der Anwalt hat das verloren geglaubte Testament meines verstorbenen Bruders gefunden. *(Sie liest laut vor.)* „Ihr Herr Bruder hat in seinem Testament bestimmt, dass Sie das Schloss, in dem Sie bereits wohnen, nur gemeinsam mit Ihren Nichten erben können. Doch wie Sie wissen, sind die Töchter Ihres verstorbenen Bruders, schon lange verschollen. Wenn Sie die Zwillinge Veruschka und Annuschka von Hochstapel nicht innerhalb der nächsten drei Wochen finden, so müssen Sie das Schloss räumen. Der Besitz geht dann an den Staat.
	(Amelia springt auf und läuft aufgeregt durch das Zimmer.)
Amelia	Ich muss die Kinder finden. Zwillinge – wo seid ihr bloß?
	(Zirkusmusik ertönt. Und Samanta betritt die Bühne, gefolgt von Esmeralda.)
Amelia	Ach, du liebe Güte! Der Zirkus ist da. Wieso habe ich ihm bloß erlaubt, seine Zelte in meinem Schlosspark aufzuschlagen.
Samanta Roncilli	Ein wunderschöner Tag, Frau Gräfin von Hochstapel. Und tausend Dank, für Ihr Angebot, vor Ihrem Ahnenschloss unser Zirkuszelt aufzuschlagen. Sie werden es nicht bereuen. Ich, Samanta Roncilli, führe Ihnen die Pferdenummer vor. *(Sie wiehert laut.)* Sie kennen das sicher schon. Die Pferde laufen los und ... Hier ist übrigens meine Zirkusprinzessin Esmeralda. Sie tanzt auf dem Rücken der Pferde.
	(Samanta zeigt auf Esmeralda, die auf den Zehenspitzen steht und sich im Kreis dreht.)
Amelia	Ich brauche keine Pferde-Akrobatik. Was ich brauche, ist ...
	(Freddy Flinkfuß eilt auf die Bühne.)
Freddy Flinkfuß	... einen Detektiv. Zu Ihren Diensten, gnädige Frau. Meine Devise ist: Diskret, schnell und teuer, denn was nichts kostet, ist meistens auch nichts wert. Nicht wahr? Freddy Flinkfuß bleibt nichts verborgen, ob in der Luft, im Wasser oder auf der Erde.
Amelia	Mir dreht sich alles im Kopf. Wo kommen die denn alle her?
	(Susi Sause tritt auf.)
Susi Sause	Ich komme geradewegs aus der Redaktion der Zeitung „Der Durchblick". Frau Gräfin von Hochstapel: Ich, Susi Sause, höre das Gras wachsen. Und ich weiß genau, was in dem Brief steht, den Ihnen der Anwalt Ihres verstorbenen Bruders geschickt hat. Doch keine Sorge! Freddy Flinkfuß und ich, Susi Sause, werden Ihnen die Zwillinge herbeischaffen – wenn Sie ...

FREDDY FFLINKFUß … die Kosten übernehmen …

SUSI SAUSE … und uns freie Hand lassen. Ich denke, eine Anzeige in meiner Zeitung würde schon Wunder bewirken.

ESMERALDA Oder ein Aufruf mit Trompetensolo in meinem Zirkus …

AMELIA *(fasst sich erschöpft mit der Hand an den Kopf)* Gut, ich engagiere Sie alle. Arbeiten Sie daran. Ich muss die beiden Zwillinge finden.

2. Bild

Die Bühne ist geteilt. Auf der einen Seite sitzen Veruschka und Nina an einem Tisch und lesen Zeitung. Auf der anderen Seite liegen Annuschka und Lora auf dem Boden und haben sich mit Zeitungen zugedeckt.

VERUSCHKA Nina, es ist zum Verzweifeln! Nichts passiert in diesem langweiligen Internat. Jeder Tag ist wie der andere. *(Sie klatscht in die Hände und sagt spöttisch mit verstellter, schriller Stimme:)* Ruhe bitte, meine Damen!

NINA *(ebenfalls mit spöttisch-verstellter Stimme)* Meine Damen, gehen Sie gerade, halten Sie sich aufrecht, lächeln Sie. *(dann mit normaler Stimme)* Ich wünsche mir ein Abenteuer.

Veruschka	Ja, so was mit Durchbrennen, Zirkus, Detektiven, Geheimnis. Ich habe es hier so satt!
Nina	Tja, zum Zirkus könnten wir gehen. Er ist gerade angekommen und zwar …
Veruschka	… im Schlosspark von Amelia von Hochstapel. Glaubst du, wir dürfen da hingehen?
Nina	*(wieder mit verstellter Stimme)* Aber meine Damen, das ist doch für sie viel zu …
Beide gemeinsam	G e f ä h r l i c h!!!
	(Sie lesen weiter. Plötzlich springt Nina auf.)
Nina	Hör mal, was hier steht: Bitte dringend melden. Gesucht wird das Zwillingspaar Veruschka und Annuschka von Hochstapel. Sie sind schon lange verschollen. Bitte sofort melden bei Susi Sause, Redakteurin, Telefon 305, oder Freddy Flinkfuß, Detektiv, Telefon 406. Oder beim Zirkus Roncilli.
Veruschka	*(nachdenklich)* Seltsam. Veruschka von Hochstapel. Die heißt ja fast so wie ich – Veruschka Hochstapel.
Nina	Stimmt! Weißt du, was wir machen?
Veruschka	Was machen wir?
Nina	Wir spielen denen die Zwillinge vor. Das wird ein Abenteuer!
Veruschka	Super Idee. Aber was sagen wir …
Nina	… der Direktorin? Der sage ich, dass unser Onkel uns auf seinen Bauernhof eingeladen hat.
Veruschka	Aber wo gehen wir denn hin?
Nina	Natürlich zu der Redakteurin Susi Sause. Hört sich toll an, der Name.
	(Beide rennen von der Bühne. Die beiden Gestalten unter den Zeitungen richten sich auf. Sie sehen abgerissen und schmutzig aus.)
Annuschka	Hast du die gestohlenen Brötchen, Lora?
Lora	Hier Annuschka.
Annuschka	Mensch, ich habe dauernd Hunger. Warum sind wir nur aus dem Heim ausgerissen?
Lora	Weil du unbedingt in den Zirkus wolltest.

ANNUSCHKA *(dreht sich im Kreis)* Dahin gehöre ich auch. Du und ich, wir stellen zusammen eine große Zirkusnummer auf die Beine. Dann sind wir „Die großen Hochstapelinis“.

LORA *(liest in der Zeitung)* Hör mal, was hier steht: Bitte dringend melden. Gesucht wird das Zwillingspaar Veruschka und Annuschka von Hochstapel. Sie sind schon lange verschollen. Bitte sofort melden bei Susi Sause, Redakteurin, Telefon 305, oder Freddy Flinkfuß, Detektiv, Telefon 406. Oder beim Zirkus Roncilli.

ANNUSCHKA Komisch. Annuschka von Hochstapel. Ich heiße fast genauso – Annuschka Hochstapel.

LORA Aber aus dir können wir eine „von Hochstapel“ machen. Wir geben uns als Zwillinge aus!

ANNUSCHKA Aber wir sehen ganz unterschiedlich aus. Allein schon unsere Haarfarben ...

LORA Na und? Wir klauen uns einfach Kostüme und Perücken im Zirkus!

ANNUSCHKA Jetzt gleich?

LORA Ja, jetzt gleich. Und anschließend gehen wir zu diesem Freddy Flinkfuß. Hört sich witzig an, der Name.

(Beide rennen fort.)

3. Bild

Samanta und Esmeralda stehen auf der Bühne. Esmeralda trainiert mit dem Springseil. In einer Ecke sitzt Susi Sause vor einer Schreibmaschine und schreibt einen Artikel. In der anderen Ecke steht Freddy und telefoniert.

SAMANTA RONCILLI Wieso übst du nicht die Hasennummer, Esmeralda?

ESMERALDA *(patzig)* Ohne Zwillings-Clowns keine Hasennummer, verehrte Frau Direktorin Samanta.

SAMANTA RONCILLI Wo sind die Zwillinge denn hin?

ESMERALDA Abgehauen sind sie, auf Nimmerwiedersehen.

(Veruschka und Nina kommen auf die Bühne.)

ESMERALDA Na so was! Seht mal! Da kommt ja ein neues Zwillingspärchen ...

SAMANTA RONCILLI Herein, herein, liebe Zwillingskinder! Ich habe einen Job für euch.

SUSI SAUSE Halt, halt! Ihr wolltet sicher gerade zu Susi Sause, der Redakteurin.

Veruschka Genau. Ich bin Veruschka von Hochstapel und hier …

Nina Annuschka von Hochstapel. Hallo.

Susi Sause Na so was. Das ging ja schnell! Dann kommt gleich mal mit, ihr beiden. Wir gehen sofort zu eurer Tante, Amelia von Hochstapel. Dann werde ich *(sieht triumphierend zu Freddy)* die Belohnung einstecken.

Freddy Flinkfuß *(missmutig)* Na, ob das auch die Richtigen sind? Könnt ihr euch denn überhaupt ausweisen? Wo sind denn eure Personalausweise?

Samanta Roncilli Unsinn, bleibt mal schön hier! Dafür braucht ihr auch keinen Personalausweis. Ihr könnt sofort die Hasennummer einüben und …

Esmeralda Allez! Hopp! Springt über das Seil … dann macht ihr einen Purzelbaum …

Veruschka *(verwirrt)* Also, was denn jetzt? Zur Tante? Personalausweis? Hasennummer? Ich verstehe nur Bahnhof.

Esmeralda Macht nichts, übt einfach schon mal die Hasennummer. Also: Allez! Hopp! *(Sie hält den Zwillingen das Springseil hin.)*

(Amelia von Hochstapel tritt auf.)

Amelia Was sehe ich denn da? Ein Zwillingspaar? Heißt das, meine beiden Nichten sind bereits gefunden? Wer war denn so schnell? Sie, Susi Sause, oder Sie, Freddy Flinkfuß?

Susi Sause Natürlich ich, Frau Gräfin – mit Hilfe meiner wunderbaren Zeitungsartikel, die alle Welt liest und …

Freddy Flinkfuß *(höhnisch)* … die bewirken, dass alle Welt vor Langeweile am Frühstückstisch einschläft.

Amelia Genug, genug! Meine lieben Kinder, kommt an mein Herz. *(Sie nimmt Veruschka und Nina in den Arm.)* Mein Ahnenschloss ist auch euer Zuhause. Kommt mit mir, ich zeige euch das ehrwürdige Gebäude! Kommen Sie auch, Frau Sause, ich werde Sie sehr gut bezahlen!

(Veruschka, Nina und die Gräfin gehen von der Bühne, gefolgt von Susi Sause, die Freddy Flinkfuß höhnisch die Zunge herausstreckt. Dann betreten Annuschka und Lora als Clowns verkleidet die Bühne.)

Samanta Roncilli Da seid ihr ja endlich. Unverschämt, einfach abzuhauen! Los an die Arbeit!

Esmeralda *(sieht sich die Clowns genauer an)* Frau Direktor, das sind sie nicht …

Freddy Flinkfuß Das sind also nicht eure Zwillinge. Dann sind es jetzt meine. Willkommen, ihr Lieben – und ab zur gnädigen Frau Tante.

Annuschka	Sind Sie Freddy Senkfuß?
	(Lora und Annuschka kichern.)
Freddy Flinkfuß	*(zischend)* Flinkfuß, ihr Lieben, Flinkfuß.
Lora	Dann sind wir bei Ihnen ja richtig, Herr Bleifuß. *(Beide Zwillinge kichern noch mehr.)*
Samanta Roncilli	Nein, ganz und gar nicht. Bei mir seid ihr richtig. Ihr müsst heute Abend bei mir im Zirkus auftreten.
Annuschka	Im Zirkus auftreten? Sie meinen so richtig in der Arena? Hey Lora! Wir können im Zirkus auftreten!
Freddy Flinkfuß	Aber erst mal mitkommen! *(Er zieht die Zwillinge am Ärmel von Samanta weg.)*
Annuschka	*(lässt sich mitziehen, dreht sich aber im Gehen zu Samanta um)* Keine Angst, Frau Rossbändigerin. Wir sind gleich wieder da.
Samanta Roncilli	*(stemmt die Hände in die Hüften)* Rossbändigerin? Ganz schön frech, die Kleine.
Freddy Flinkfuß	Kommt, eure Tante Amelia wartet auf euch!
	(Amelia tritt auf.)
Amelia	Bin schon da. Was gibt es?
Freddy Flinkfuß	Darf ich vorstellen: Ihre Nichten – Veruschka und Annuschka von Hochstapel.
Annuschka	*(haut den Hut der Tante platt)* Hey, Tantchen, was hast du denn da für eine flache Flunder auf dem Kopf?
Amelia	*(schreit)* He, mein Hut!
Lora	*(stupst die Tante in die Rippen)* Keine Aufregung, Tantchen! Ich bringe das gleich wieder in Ordnung!
Amelia	Wie habt ihr euch bloß in so kurzer Zeit so verändert? Ich dachte, ihr wolltet mir Rosen im Schlosspark pflücken?
Freddy Flinkfuß	Tja, gnädigste Gräfin. Die Menschen verändern sich manchmal sehr schnell. Hier ist Ihr Zwillingspaar, von mir geliefert. Würden Sie mir bitte meine Unkosten erstatten? Immerhin war es furchtbar kompliziert, die beiden herbeizuschaffen.

Amelia Wieso Sie? Ich dachte, Frau Sause hätte die beiden gefunden. Mir ist ganz schwindelig. Was geht hier eigentlich vor? Was soll ich tun?

(Susi Sause betritt die Bühne.)

Susi Sause Ich habe alles mitangehört. Das könnte euch wohl so passen, ihr falschen Schwestern, euch hier als die adeligen Zwillinge auszugeben! *(ruft in Richtung Bühneneingang)* Annuschka, Veruschka kommt doch einmal her!

(Das zweite Zwillingspaar hüpft auf die Bühne und stellt sich neben Lora und Annuschka.)

Amelia Womit habe ich das verdient? Jetzt habe ich statt zwei gleich vier Nichten.

Samanta Roncilli Zwei von euch sind Hochstaplerinnen. Sagt, wie ihr wirklich heißt:

Veruschka Veruschka von Hochstapel

Nina Annuschka von Hochstapel

Annuschka Annuschka von Hochstapel

Lora Veruschka von Hochstapel

Freddy Flinkfuß Sind sie jetzt alle Hochstaplerinnen?

Samanta Roncilli	Mir ist das eigentlich gleich. Ich würde alle vier engagieren. Das gibt ***die*** Sensation in meinem Zirkus. Bis heute Abend haben wir noch Zeit, um die Nummer zu trainieren.
Veruschka	Tante Amelia, du hast doch …
Nina	… so viel Platz in deinem Schloss …
Annuschka	… da könntest du doch …
Lora	… uns alle vier aufnehmen …
Alle	Im Doppelpack!
	Tante fällt in Ohnmacht.

8. Weihnachten

Personen

Vater
Mutter
Sohn Daniel
Tochter Tina
Oma Jennifer
Bote
Janina
Jossip

Wohnzimmer der Familie. Ein Tisch mit einer Weihnachtsdecke, um diesen stehen vier Stühle. In einer Vase steht ein Tannenstrauß. Für die beiden Kinder sollten ein Hirtenkostüm (Hut und eventuell Felljacke oder Umhang und Hirtenstab) und ein Engelskostüm (ein weißes Gewand und eine Krone aus Goldpapier) vorbereitet werden. Als Jesus-Kind kann man eine Puppe benutzen, die gut eingewickelt und nicht unbedingt sichtbar ist. Die Großmutter bringt einige in Geschenkpapier eingewickelte Kartons mit.

1. Bild

Die Familie am Heiligen Abend. Weihnachtslieder erklingen, die Mutter füllt im rechten Bühnenbereich die Teller mit Süßigkeiten. Tina, im Engelskostüm, betritt die Bühne. Sie hält ihre Goldkrone in der Hand.

TINA Bitte, Mama, setz mir mal die Krone auf. Wie sehe ich aus?

Mutter Du bist ein Traum von einem Engel. Kannst du auch deinen Text für die Christmette?

Tina Natürlich! In vier Stunden hat der Star seinen großen Auftritt. *(Sie dreht und wendet sich geziert herum.)* Vom Himmel hoch, da komm ich her, ich bring euch gute neue Mär.

Daniel *(steht im Hirtenkostüm in einer Ecke und liest holprig von einem Blatt ab)* Du Kind in der Krippe, so hold und fein, ich bring zum Geschenk dir mein …

(Er schaut verzweifelt in seinem Text nach.)

Tina *(überheblich)* Lämmlein klein! Das kann doch nicht so schwer sein.

Mutter Daniel, bist du so aufgeregt, weil Weihnachten ist?

Daniel Ja, ich freue mich immer so auf Weihnachten.

Tina Ja also, ich freue mich vor allem auf die Geschenke. Ohne Ende Geschenke!

Mutter *(zeigt auf die rechte Seite der Bühne)* Apropos, Geschenke. In dieses Zimmer dürft ihr jetzt nicht mehr hinein. Gleich wird Papa mit dem Weihnachtsbaum kommen, der wird dann hier aufgebaut. Hoffentlich findet er nur den Heimweg mit dem Schlitten. Seit zehn Jahren hatten wir keine Schneeflocke mehr hier, und nun fast einen halben Meter Schnee vor dem Haus.

Daniel Mama, hast du schon die Krippe vom Speicher geholt? Die Krippe ist doch das Schönste an Weihnachten, das Kind, Maria und Joseph, der Engel, die Hirten …

Mutter Du bist unser kleiner Romantiker, mein Sohn. Aber wo sollen wir denn die Krippe noch hinstellen? Ich will auf keinen Fall unser Fernsehgerät wegpacken, denn heute Nacht kommt noch ein toller Film, den ich unbedingt sehen will.

Tina Außerdem kommt gleich unsere reiche Oma mit dem Chauffeur vorbei und bringt große Geschenke. Da bleibt kein Platz für die Krippe.

Mutter Jaja, Oma Jennifer. Heute kommt sie sogar persönlich zu unserem Weihnachtsfest.

Vater *(stapft herein und schüttelt seinen Mantel ab)* Oje, so etwas habe ich seit 15 Jahren nicht mehr erlebt. Wir sind total eingeschneit. Und das ist nicht die einzige schlechte Nachricht. Stellt euch vor, ich habe keinen Weihnachtsbaum mehr bekommen. Auf dem Markt im Dorf war alles ausverkauft.

Mutter Wie soll das denn gehen? Kein Baum? Und was soll deine Mutter sagen? Sie kommt heute ausnahmsweise selbst zu uns mit allen Geschenken.

Tina Die ist bestimmt beleidigt.

Daniel Dann sollten wir die Krippe aufstellen, bitte Papa. Hier wäre doch noch Platz.

Mutter Auf gar keinen Fall! So was Spießiges wie die Krippe kommt mir nicht in mein gestyltes Wohnzimmer! Ich werde mich jetzt um das Essen kümmern. Das ist viel wichtiger.

(Mutter geht ab)

Tina Papa, wie findest du mich als Verkündigungsengel? Gleich habe ich meinen großen Auftritt in der Kirche. Und wenn Daniel nicht seinen Text vermasselt, *(sie stupst Daniel in die Rippen)* werden wir uns nicht blamieren.

Vater Liebe Kinder, es tut mir Leid, aber ihr werdet die Christmette verpassen. Es ist unmöglich, durch den Schnee zu kommen. Wir wohnen hier so abgelegen, dass der Schneepflug zu spät durchkommen wird. Aber wir sind nicht die Einzigen, denen es so geht. Deshalb will der Pfarrer die Christmette ohne das Weihnachtsspiel feiern. Ich habe ihn eben im Dorf getroffen. Er sagte, das Weihnachtsspiel soll morgen Abend in der Kirche aufgeführt werden.

Tina So ein Mist! Alle sollten auf mich sehen, sogar Locken habe ich mir gebrannt.

Daniel Aber mein Kostüm behalte ich an. Ich bin heute der Hirte, er bringt dem Kind …

Tina … sein Lämmlein klein. Nerv mich nicht!

(Tina schmeißt genervt ihre Krone auf den Boden.)

Daniel Aber die Krippe, Papa. Warum können wir nicht wenigstens die Krippe haben?

Vater Du hast es doch gehört, Daniel. Mama braucht den Platz, um ein exklusives Essen zu präsentieren, denk doch an Oma!

Mutter Und dabei bleibt es! Hier soll es richtig gemütlich sein. Echte deutsche Weihnachten. Sekt, Kaviar, Gänsebraten …

Tina Wird denn Oma mit ihrem Chauffeur und den vielen Geschenken überhaupt durch den Schnee kommen?

VATER	Das denke ich schon. Der Chauffeur ist ein sehr geübter Fahrer. Wenn jemand es schafft, dann er. Ich würde mich heute mit dem Auto nicht mehr auf die Straße trauen.
DANIEL	*(schaut aus dem Fenster)* Ist ja auch keine Straße mehr zu erkennen.
TINA	Verflixt, in genau einer Stunde hätte ich meinen großen Auftritt. Ich würde hervortreten und sprechen: Vom Himmel hoch, da komm ich her, ich bring euch gute neue Mär.
DANIEL	Was heißt das überhaupt, Mär, neue Mär?
VATER	Das heißt: Ich erzähle euch eine ganz neue und wichtige Geschichte.
MUTTER	Mein Braten ist so groß. Da könnten noch vier weitere Leute von essen.
	(Es klingelt. Vater öffnet. Herein tritt der Bote.)
BOTE	Ich bringe euch viel Freude und eine neue Botschaft.
MUTTER	Nur herein Herr Chauffeur, die Geschenke für die Familie können Sie in diesem Zimmer ablegen. *(Sie zeigt ihm den Raum.)*
	(Der Bote zeigt ihr seine leeren Hände. Mutter zuckt erstaunt zurück. Die Familie sieht sich ratlos an.)
BOTE	Ich komme von der Gemeinde und suche eine Unterkunft für eine obdachlose Familie. Sie kommen aus einem Kriegsgebiet. Die Frau hat gerade ein Kind geboren und ist sehr schwach.
	(Janina mit dem Kind tritt vor. Dahinter Jossip.)
JANINA	Mein Kind braucht Nahrung und ein Dach über dem Kopf.
JOSSIP	Bitte gebt uns für heute Nacht eine Unterkunft.
	(Tina und ihre Mutter betrachten die Neuankömmlinge misstrauisch und leicht angewidert, Daniel und sein Vater sehen sie neugierig an.)
MUTTER	Das kommt gar nicht in Frage! *(zu ihrem Mann gewandt)* Was soll denn deine Mutter sagen? Wir sind doch kein Obdachlosen-Asyl!
DANIEL	Aber Mama!
VATER	Das ist mir völlig egal, was meine Mutter sagt. *(zu den Ankömmlingen gewandt)* Natürlich können Sie hier bleiben. Kommen Sie doch herein.
	(Er zeigt auf die Stühle. Die Familie und der Bote treten langsam näher. Die junge Mutter lässt sich auf einen Stuhl fallen und atmet schwer. Ihr Kind liegt in ihrem Schoß. Jossip legt die Hände auf die Schultern seiner Frau.)

Bote	*(zu Daniel)* Bist du nicht der Hirte?
Daniel	*(spricht ohne zu stocken)* Du Kind in der Krippe, so hold und fein, ich bring zum Geschenk dir mein Lämmlein fein.
	(Es klingelt wieder an der Tür. Der Vater öffnet. Oma Jennifer tritt ein. Sie trägt viele Geschenkpakete. Gleichzeitig erklingt die Melodie „Jingle Bells".)
Oma Jennifer	Frohe Weihnachten, meine Lieben. Denkt euch, ich durfte auf dem Schneepflug bis an eure Straße mitfahren, denn unser Auto blieb einfach stecken. Mein Chaffeur fährt nun gleich hinter dem Schneepflug her zu seinem Hotel im Dorf. Oh, aber hallo, wer ist denn das? *(Sie sieht Janina und das Kind an.)*
Daniel	Die kommen aus einem Kriegsgebiet.
Tina	*(leicht angeekelt)* … und sie sind – obdachlos!
Oma Jennifer	*(resolut)* Tja, meine Lieben. Dann müssen wir ihnen wohl helfen. Genau wie in der Weihnachtsgeschichte. Du, mein Sohn, bist der Herbergsvater, der der jungen Familie ein Dach über dem Kopf gibt.
	(Die Großmutter legt ihre Geschenke auf den Boden vor die Familie.)
Mutter	Sollen wir vielleicht zusammen ein Weihnachtslied singen?
Alle gemeinsam	Ja
	(Alle singen zusammen ein Weihnachtslied.)
Vater	Wer klopfet an?
Janina und Jossip	Oh, zwei gar arme Leut'.
Mutter	Was wollt ihr dann?
Janina und Jossip	Oh, gebt uns Herberg' heut.
Bote, Oma, Daniel und Tina	Oh, durch Gottes Lieb wir bitten, öffnet uns doch eure Hütten.
Mutter und Vater	Oh nein, nein, nein!

OMA, TINA, DANIEL, BOTE, JANINA UND JOSSIP	Oh, lasset uns doch ein!
MUTTER UND VATER	Wir wollen dankbar sein.
ALLE ANDEREN	Wir wollen dankbar sein.
ALLE FASSEN SICH AN DEN HÄNDEN UND SINGEN GEMEINSAM	Ja, wir lassen euch herein und wollen alle fröhlich sein!